무시무시하지만
이유 있는
전염병과 의학의 세계사

당신이 살아있는 진짜 이유

인문학 놀이터 18

당신이 살아있는 진짜이유

초판 1쇄 발행일 2017년 1월 20일 | **초판 2쇄 발행일** 2020년 9월 10일
펴낸이 조기룡 | **펴낸곳** 내인생의책 | **등록번호** 제10호-2315호
주소 서울시 성동구 연무장5가길 7 현대테라스타워 E동 1403호
전화 (02)335-0449, 335-0445(편집) | **팩스** (02)6499-1165

ISBN 979-11-5723-297-0 (73900)

PANDEMIC SURVIVAL

이 도서의 국립중앙도서관 출판예정도서목록(CIP)은 서지정보유통지원시스템 홈페이지(http://seoji.nl.go.kr)와
국가자료공동목록시스템(http://www.nl.go.kr/kolisnet)에서 이용하실 수 있습니다.(CIP제어번호: CIP2016030011)

* 책값은 뒤표지에 있습니다.
* 잘못된 책은 구입처에서 바꾸어 드립니다.

내인생의책에서는 참신한 발상, 따뜻한 시선을 가진 원고를 기다리고 있습니다. 원고는 내인생의책
전자우편이나 홈카페를 이용해 보내 주세요. 여러분의 소중한 경험과 지식을 나누세요.

전자우편 bookinmylife@naver.com | **홈카페** http://cafe.naver.com/thebookinmylife

어린이제품안전특별법에 의한 제품 표시
제조자명 내인생의책 | **제조년월** 2020년 9월 | **제조국** 대한민국 | **사용연령** 12세 이상
주소 및 연락처 서울시 성동구 연무장5가길 7 현대테라스타워 E동 1403호

무시무시하지만
이유 있는
전염병과 의학의 세계사

당신이 살아있는 진짜 이유

앤 러브 · 제인 드레이크 지음 | 빌 슬라빈 그림 | 이윤진 옮김

내인생의책

차례

01 예방과 치유

02 고대적 이야기, 현대적 진단들

03 중세시대(서기 600~1500년): 죄와 고통

04 발견의 시대(1500-1800년): 질병이 해안으로 수송되다

05 산업시대(1800~1900년): 번영, 오염 그리고 세계적 유행병

06 항생제, 그 전과 그 후

07 지구촌

우리 사회를 더욱 건강하게 만드는 가족과 친구들 -

의사, 간호사, 작가, 사회복지사,

생물학자, 환경 운동가, 예술가, 로비스트, 간병인, 코치, 변호사 등등을 위해

- A.L. 그리고 J.D.

항상 세균에 흥미를 보여온 제프를 위해

- B.S.

 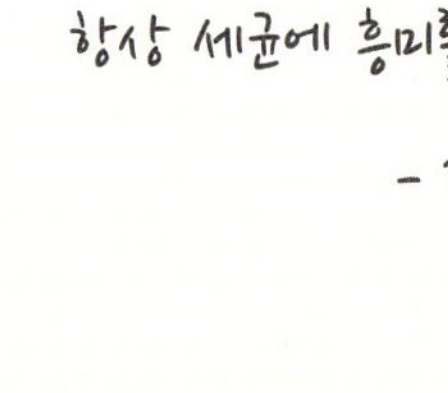

01

예방과 치유

살아 있다는 생생한 증거

지난주 정체불명의 바이러스가 남태평양을 휩쓸고 지나가 사망자가 수천 명 발생했습니다. 그 뒤 바이러스는 중국과 북미 쪽으로 번져 오늘 베이징 보건복지부가 감염 의심 사례 248건과 사망 사례 17건을 보고했습니다. 조지아 주 애틀랜타 질병통제예방센터도 시애틀에서 13건의 감염 사례가 발생했다고 발표했습니다.

공중위생관리사들은 이에 대한 예방 대책으로 9~14세들의 아이들에게 다음과 같은 조치를 취하라고 권고합니다. 1. 아이를 뜨거운 염소 소변에 목욕시킬 것. 2. 매듭진 밧줄로 피가 날 때까지 등을 채찍질할 것. 3. 매일 네 번씩 쥐와 입을 맞출 것. 관리사들은 만약 아이의 눈이 따끔거리거나 붉게 충혈되고 기침을 하기 시작한다면 그 즉시 달군 쇠꼬챙이로 아이의 귀 앞쪽 피부를 지지거나 젖은 나뭇잎으로 아이를 싸맨 뒤 화로 속에 눕혀두라고 말합니다. 전문가들은 모든 집고양이를 처분하는 게 좋다고 권합니다.

웃기는 얘기들이라고요? 그렇게 들릴지도 모르겠네요.

여러분도 살면서 감기나 독감 같은 전염성 질환에 걸려본 적이 있을 거예요. 며칠 혹은 그보다 더 여러 날을 고생할 수도 있지만 결국은 멀쩡하게 나아서 다시 학교로 나가지요. 하지만 불과 수백 년 전만 해도 병에 걸린 아이들은 생존 가능성이 그리 높지 않았어요. 그때는 아이만 아니라 어른들도 병에 걸리면 생명이 위험해졌답니다. 엄청난 역병과 전염병, 전 세계적인 유행병이 가족 전체, 더 나아가 마을 전체를 휩쓸어버리던 시기였으니까요.

건강하던 사람들이 어느 한 순간 재채기를 시작하거나 밭은기침을 내뱉었습니다. 위경련으로 쓰러지거나 갑자기 고열에 시달리는 경우도 있었어요. 때로는 아침에 일어난 뒤 피부에 난 붉은 반점들을 발견하기도 했지요. 병에 걸린 사람들은 아이 어른 할 것 없이 자신이 앞으로 살아남을 수 있을지 걱정해야 했습니다. 그러면서 사랑하는 부모님과 형제들, 친구들이 무서운 전염병의 손아귀 안에서 죽어가는 모습을 무기력하게 지켜보았어요.

옛날 사람들이 병을 예방하고 치료하기 위해 시도한 방법들은 지금 보기에는 황당한 것이 많습니다. 살던 시기와 장소에 따라 그 방법은 조금씩 달라졌지만요. 대부분은 미신을 바탕으로 이루어졌습니다. 염소 소변에 목욕하기와 밧줄로 채찍질하기, 쥐와 입을 맞추기……. 이 글의 첫머리에 나오는 기묘한 사례들은 모두 실제로 행해진 것들입니다. 대부분의 치료법은 효과가 없었어요. 하지만 몇몇 치료법은 효과를 보기도 했지요. 그렇게 다행히 살아남은 사람들이 있었기에 오늘날 인류도 멸종하지 않았습니다. 현재 살고 있는 우리들은 모두 옛날 병에서 살아남은 생존자들의 후손인 셈이에요. 희망을 놓지 않고 지속적으로 그리고 필사적으로 노력한 그

분들 덕분에 인류는 어떤 치료 방법이 효과가 있는지, 또 어떤 치료 방법은 무의미한지 알게 되었지요. 현대 의학의 발달은 모두 그분들의 노력과 희생 위에 세워졌습니다. 물론 인류의 노력과 희생에 의미를 더해준 몇몇 선구자분들도 있었지만요.

이 책은 역사 속에서 가장 엄청났던 역병과 그 극복 과정에 관한 이야기입니다. 나아가 인류가 어떻게 병으로부터 살아남았는지에 대한 이야기이기도 해요. 여러분도 이 책에서 소개하는 여러 이야기와 무관하지 않습니다. 이야기 속 사건이 작년의 일이든, 수백 년 전의 일이든 말이에요. 생존은 인류의 본능이랍니다.

이렇게나 아프다니!

당신은 목구멍이 쓰라리고 머리가 아픕니다. 눈알 뒤쪽까지 뻐근해요. 으스스한 느낌이 등줄기를 타고 오르며…… 윽! 무릎에 힘이 없어요. 아픈 건 분명해요. 하지만 어느 정도로 아픈 걸까요? 숙제를 하거나 개를 산책시킬 기운은 남은 걸까요?

알레르기는 아닌 것 같아요. 목이 부어 있으니까요. 뭐에 걸린 것 같은데…… 독감일 수도 있고요. 아무래도 전염병인 것 같습니다. 다른 사람에게 옮기지 않으려면 소매로 입을 가리고 재채기를 해

야겠어요. 그래도 의사를 찾을 정도로 아픈 건 아닌 듯합니다. 이 정도 증세라면 의사는 아마 바이러스성 질환이라는 처방을 내릴 거예요. 그리고 물을 많이 마시고, 무리하지 말며, 그러다 더 안 좋아지면 다시 찾아오라고 얘기해주겠지요.

그러고 보니 지금보다 더 몸이 안 좋은 적이 있었어요. 혹시 기억하나요? 그때 당신은 목구멍이 쓰라렸고, 고열에 시달렸으며, 두통으로 머리가 지끈지끈했어요. 의사가 면봉으로 당신의 입 안을 한 번 훑어 샘플을 채취했었지요. 며칠 뒤에는 검사 결과 연쇄상구균 감염으로 나타났다며 당신에게 항생제를 처방해줬습니다. 연쇄상구균은 박테리아예요바이러스가 아니라고요. 또 한 번은 열이 나면서 배가 아팠던 적도 있었습니다. 그때는 의사가 당신을 검사하면서 아메바나 원생동물 같은 징그러운 기생충에 감염되었는지를 의심했어요. 다행히 검사 결과는 음성으로 나왔지요.

인간을 감염시키는 바이러스, 박테리아, 기생충을 병원미생물이라 부릅니다. 이 아주 작고 흉포한 생물들은 전염병을 퍼뜨리는 존재랍니다. 이들은 우리가 숨 쉬는 공기, 우리가 마시는 물을 통해 한 사람에게서 다른 사람에게로 옮겨 가며 병을 전파합니다. 다른 사람의 신체나 다른 사람이 만졌던 사물에서 직접 묻어오는 경우

도 있지요. 몇몇 미생물들은 동물, 특히 벌레를 통해 사람에게 병을 감염시킵니다.

이렇듯 질병이 한 사람에게서 다른 사람에게로 퍼져가는 현상을 전염이라고 부릅니다. 전염병은 빠르게 퍼집니다. 그 중에서도 유달리 빠르고 넓게 퍼지는 전염병을 유행병이라고 부르지요. 이 유행병이 한 나라에서 다른 나라로, 나아가 바다를 건너 다른 대륙까지 옮겨가면 세계적 유행병이라고 바꿔 부릅니다.

그런데 미생물이라고 모두 심각한 질병을 옮기지는 않습니다. 미생물 모두가 병원균은 아니니까요. 미생물이 옮기는 질병 중에도 심각한 질병과 그렇지 않은 질병이 있답니다. 만약 당신의 몸속에 감염균이 침입해 들어오면 당신의 몸은 감염균이 더는 퍼지지 못하도록 치열한 전쟁을 벌입니다. 대부분의 경우 당신의 몸은 전쟁에서 승리하지요. 이렇듯 놀라울 정도로 병을 잘 이겨내는 우리 몸의 여러 기관들을 모두 합쳐 면역 체계라고 부릅니다. 면역 체계가 활동하여 병을 이겨내는 힘은 면역력이라고 하지요. 사람은 태어나서 성년 초기까지 보통 200종이 넘는 미생물에 감염되어 병이 생깁니다. 그런데 감염되고도 결국 물리친 미생물은 훗날 다시 만났을 때 우리 몸의 면역 체계가 쉽게 이겨낼 수 있습니다. 예를 들어 홍역에 한 번 걸린 사람은 다시 홍역에 걸릴 가능성이 아주 적어요. 이렇듯 질병에 걸리는 과정을 거듭하며 우리 몸의 면역력은 점점 강력해지지요.

아무리 사소한 병, 그러니까 가벼운 감기일지라도 일단 병에 걸리면 무언가 신체적 증상이 나타납니다. 열이 나거나, 재채기를 하거나, 몸이 무거워지는 식으로요. 때때로 우리는 그 힘겨웠던 상황들을 친구들에게 시시콜콜히 말하곤 해요. 엄살떠는 것 같아 보여 싫다고요? 하지만 이 행위는 자연스러운 것이에요. 우리 조상님들도 그랬으니까요. 병이 생기고 증세가 진행되면서 우리 몸이 어떻게 달라지는지 관찰하고 살펴보는 습관이 인류의 생존을 돕는 데 지대한 기여를 했답니다.

먼 옛날 우리 조상님들은 병에 걸리지 않기 위해 온갖 기상천외한 방법을 동원했어요. 그리고 그 결과를 공유하고 다른 사람의 증세와 비교해가며 나중에는 어떤 방법이 어떻게 효과가 있는지 점차 깨달아갔지요. 염소 오줌으로 목욕을 해봐야 질병을 예방하지 못한다는 걸 알게 되었어요. 비눗물로 손을 씻는 것이 예방에 아주 효과적이라는 사실도 배웠지요. 특히 식사하기 전이나 화장실에 갔다 온 뒤 그리고 아픈 사람과 접촉한 뒤에는 반드시 손을 씻는 습관이 중요하다는 것을 깨달았습니다.

오늘날 우리는 규칙적으로 샤워나 목욕을 하고, 청결하게 준비된 영양 있는 음식을 먹으며, 깨끗한 물을 마시고, 해충이 없는 공간에서 생활한다면 건강을 더욱 쉽게 유지할 수 있다는 걸 알고 있습니다. 자신과 친구들을 세균으로부터 보호하기 위해 다 쓴 휴지는 꼭 버리고, 공공장소에서는 침을 뱉지 않으며, 예방접종을 거르지 않고, 재채기를 할 때는 소매로 입을 가려야 한다는 사실도 요즘 사람에게는 상식이지요.

이 책에는 다소 생소한 의학 용어들이 등장합니다. 바이러스, 박테리아, 기생충, 미생물, 병원균, 감염, 전염병, 예방접종, 항생제, 세계적 유행병, 면역력 등이지요. 만약 이런 단어들 때문에 머리가 어지럽다면 책 뒤쪽의 용어사전을 참고해주세요. 용어의 의미를 정확하게 아는 것 자체가 문제를 해결하는 데 상당한 도움을 주기도 합니다. 질병에 대해 자신이 깨달은 내용을 다른 사람들에게도 널리 알려주세요. 그것이 여러분은 물론 다른 사람들의 건강을 지키는 데 도움이 될지도 모르니까요.

박테리아 침입

학교에 갔다가 집에 돌아와서 맨 먼저 하는 일은 무엇인가요? 곧장 부엌으로 달려가서 가방은 던져 놓고 간식부터 먹나요? 하지만 그 전에 잠깐 주위를 둘러보세요. 멀리 볼 필요도 없답니다. 눈앞에 보이는 모든 것…… 카운터와 문고리며 가전제품 심지어 이 책까지도 모두 엄청나게 많은 미세 박테리아로 뒤덮여 있으니까요. 그러고 보면 오늘 아침에는 서둘러 아침을 먹다가 우유를 흘렸었지요. 그러고 등교 시간에 늦겠다며 우유를 닦은 행주를 그대로 싱크대 안에 던져 놓았었어요. 당신이 학교에서 공부하는 동안 그 행주는 박테리아들이 열광하는 안식처가 됩니다. 조금 어려운 말로는 박테리아가 빠르게 자랄 수 있는 수동적인 감염체라고 부르지요. 또 당신이 치즈샌드위치를 만들고 나서 씻지 않고 내버려둔 도마는요? 그 도마에는 너무 작아 우리 눈으로는 결코 볼 수 없는 박테리아가 수천만 마리나 살고 있답니다. 이제 화장실 얘기도 해볼까요? 안 해도 뻔하죠?

우리가 태어나기 전, 어머니의 자궁 안에 있었을 때 우리는 양수에 둘러 싸여 있었습니다. 양수는 박테리아가 없는 깨끗한 액체지요. 그 덕에 우리는 안전하고 건강하게 몸을 형성해 태아로서 자란답니다. 하지만 어머니의 몸을 떠나 세상 밖으로 나오는 순간부터 우리의 몸은 수많은 박테리아의 공격을 받습니다. 가히 '박테리아 폭격'이라 부를 수 있을 정도지요. 사실 박테리아는 우리의 몸속에도, 우리의 피부와 우리 주변의 공기, 우리가 접하는 온갖 물건 안팎 등 존재하지 않는 곳이 없습니다. 심지어 우리 손에서는 다른 어느 신체 부위보다도 많은 박테리아가 자라고 있지요. 평소 우리 몸에 붙어 있는 박테리아의 수는 우리 몸 전체의 세포 수보다 열 배나 많답니다. 대체로 박테리아는 입, 코, 긁힌 상처나 벌레에 물린 자리를 통해 우리 몸에 들어오곤 합니다. 하지만 우리는 박테리아의 존재를 전혀 인식하지 못하고 있지요.

흔히 박테리아를 세 가지 종류로 구분합니다. 좋은 박테리아, 중립적인 박테리아 그리고 나쁜 박테리아지요. 예를 들어 우리 몸의 내장에는 정상균 무리가 살고 있습니다. 정상균 무리는 우리 몸과 공생 관계를 맺고 도움을 주는 좋은 박테리아들을 말해요. 우리 몸은 이들 정상균 무리에게 영양을 주고 대신 정상균 무리는 신체의 일을 대신하지요. 소화를 도와 음식을 비타민과 같이 사용할 수 있는 영양분으로 바꾸거나 해로운 박테리아로부터 우리 몸을 보호하기도 합니다. 건강한 몸이라면 내장 속에 보통 500종 이상의 좋은 박테리아가 살고 있답니다. 이들 좋은 박테리아와 중립적인 박테리아는 일반적인 경로로 우리 몸에 들어와 대변, 즉 똥을 통해 몸 밖으로 배출됩니다. 그 과정에서 우리를 괴롭히지도 않고, 우리의 면역 체계도 이러한 박테리아와 싸우는 법이 없지요. 하지만 나쁜 박테리아는 다릅니다. 예를 들어 살모넬라 장티푸스균, 짧게 줄여 살모넬라균이라고도 부르는 박테리아가 있지요. 살

박테리아란 무엇일까?

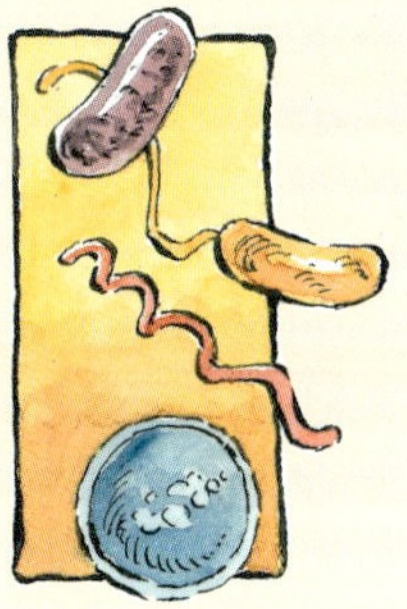

1676년, 영국의 과학자 안토니 벤 레벤후크는 인간의 체액 표본을 원시적인 현미경으로 확대해보고 '극미동물'을 발견했어요. 1828년으로 가볼까요? 이때서야 미생물을 연구하는 독일 과학자, 크리스티안 고트프리드 에렌베르크가 박테리움(단수)과 박테리아(복수) 용어를 정립했어요. 박테리아를 눈으로 확인할 수 있게 되면서 과학자들이 연구할 것이 많이 생겼습니다. 대부분의 박테리아는 혼자서 살 수 있는 단세포 생물이에요. 음식 섭취원만 있다면 박테리아는 자유롭게 살고, 먹고, 번식할 수 있지요. 박테리아는 2분열로 번식해요. 2분열이라는 것은 한 박테리아가 2배로 커진 후 2개로 나뉘면서 2개의 일란성 쌍둥이 세포가 되는 것을 말합니다. 그래서 하나가 둘이 되고, 둘이 넷이 되며, 넷이 여덟이 되고…… 이런 식으로 계속 늘어나지요. 이 번식 과정은 빠르게 진행됩니다. 세대당 평균 20분 정도 걸리니까요. 24시간이 지나면 한 박테리움이 천만 마리의 박테리아 집단으로 불어날 수 있어요. 박테리아는 대부분 쉼표, 꼬불꼬불한 국수, 미세한 털북숭이 핫도그, 진주 목걸이 한 줄, 또는 작은 구슬들이 뭉쳐 있는 것 같은 모양을 하고 있어요. 많은 박테리아가 모양에 따라 분류되고 있습니다. 박테리아 분류를 일컫는 과학적 용어에는 바실루스균(막대 모양, '막대기'를 뜻하는 라틴어에서 기원), 비브리오균(구부러진 쉼표 모양), 나선균(나선형 또는 촘촘히 꼬임) 그리고 구균(공 모양, 영문 용어로 코커스균이며 '씨앗'을 의미하는 그리스어에서 기원) 등이 있지요.

모넬라균이 몸 속에 들어온다면 아마 여러분은 평생 잊지 못할 경험을 하게 될 거예요. 그 첫 신호는 속이 미식거리며 먹고 싶은 생각만 하면 토할 것 같은 증상이지요. 그다음에는 장 속 깊숙한 곳에서 살살 아픈 느낌이 시작됩니다. 그 뒤에는 어떻게 되냐고요? 아마 여러분은 변기 위에서 아예 살다시피 하며 묽은 설사를 죽죽 해야 할 거예요. 심하게 배가 뒤틀리는 건 물론이고요. 때로는 이러한 증상이 일주일 넘게 지속되기도 합니다. 그런데 어떻게 하면 우리 몸이 살모넬라균에 감염되는 걸까요? 아마 당신은 그 대답을 좋아하지 않을 것입니다.

사람들은 살모넬라균을 가진 동물의 대변에 오염이 된 음식을 먹은 뒤 살모넬라균에 감염됩니다. 주로 닭이나 달걀을 통해 걸리지요. 달걀의 경우에는 제대로 씻지 않은 계란 껍데기에 살모넬라균이 묻어 있을 수 있어요. 혹은 암탉의 몸속에서 달걀이 생성되는 동안 암탉으로부터 달걀 노른자로 살모넬라균이 들어갈 수도 있고요. 식품 공장에서 위생 관리가 잘못되어 살모넬라균이 퍼지는 경우도 있습니다. 그래도 살모넬라균은 음식을 165°F74°C의 온도에서 조리하면 퇴치할 수 있답니다.

1994년 9월과 10월, 미네소타 보건부가 살모넬라균에 감염된 사람들의 수가 급증했다고 보고했어요. 몇 주간에 걸친 수사 결과, 정부 관계자들은 살모넬라균의 원흉이 지역 내에서 생산된 아이스크림이라는 사실을 밝혀냈지요. 공장으로 액상란을 배달할 때와 아이스크림 공장으로 예비 혼합물이라는 저온살균 재료를 배달할 때 같은 탱크로리 트럭을 사용했대요. 물론 배달물이 바뀔 때마다 탱크로리 트럭을 청소하긴 했습니다. 하지만 트럭 밸브 하나가 충분히 살균되지 않았던 것이죠. 미국의 30개 주에 걸쳐 살모넬라균 감염이 확인된 사례가 총 740차례나 보고됐습니다. 그리고 41개 주에서 확인이 완료되지 않은 살모넬라균 감염 사례가 추가로 3,423차례나 있었고요. 엄청나게 많은 아이스크림이 회수되었어요. 물론 아이스크림 회사의 트럭 배달 정책도 바뀌었지요. 계란과 예비 혼합물이 더는 섞이지 않도록 말이지요!

바이러스 공격

케이티는 침낭을 챙기면서도 뼛속까지 피곤함을 느꼈습니다. 눈물이 쏙 나오고 목구멍 안쪽이 간질간질했어요. 그래도 코를 조금 훌쩍거리는 일 따위로 가장 친한 친구의 생일파티를 놓칠 수 없다고 생각했지요!

피자를 먹고 게임을 할 때까지도 케이티의 상태는 괜찮았습니다. 하지만 선물을 여는 시간이 되자 머리가 아프고 광대뼈 아래가 지끈거렸어요. 그래도 케이티는 자신의 증상을 친구들에게 알리지 않았지요. 열두 살짜리 아이 12명이 카펫 바닥에 침낭을 시계 모양으로 펼치고는 머리를 맞대고 누웠습니다. 아이들은 그 상태로 밤늦게까지 수다를 떨었어요. 그 사이에 케이티는 기침이 나오는 것도 참았지요. 케이티의 목소리는 쉰 속삭임으로 바뀌었어요. 그러다 마침내 케이티는 말하던 도중에 잠이 들었습니다.

다음 날 아침 어머니께서 케이티를 데리러 오셨어요. 케이티는 심각한 감기에 걸려 혼자서는 집에 돌아갈 수 없었던 거지요. 그 뒤 며칠 동안 11명의 친구 중 9명도 같이 감기에 걸렸습니다. 친구들의 형제들과 부모님 몇몇 분들, 거기에 조부모님들하며 학교 선생님들과 같은 반 학생들, 그밖에 같은 팀 동료들과 코치 선생님들까지도 감기에 시달려야 했어요. 케이티는 자신도 모르는 사이에 바이러스를 수백 명에게 퍼뜨린 것이지요. 더 나아가 케이티는 감기를 옮기면서 휴지, 진저에일, 치킨 수프, 감기약 그리고 비타민 C의 판매량도 함께 늘렸답니다.

바이러스는 아주 단순한 구조의 미생물이에요. 혼자 있을 때는 살아 있지 않지만 엄밀히 말해 죽어 있는 것도 아니지요. 바이러스는 살아 있는 세포, 이른바 '숙주'에 기생할 때만 활성화됩니다. 그래서 살기 좋은 환경을 제공하는 특정 숙주들을 미칠 듯이 좋아하지요. 숙주에 기생하기 위해 바이러스는 우리 면역 체계의 문을 두드립니다. 만약 면역 체계가 약해졌다면 우리는 케이티처럼 이 불쾌한 손님을 맞이할 수밖에 없어요. 그러니까 바이러스가 무단으로 우리의 몸속 세포 안으로 침입해오는 거죠! 감기의 경우, 바이러스는 코와 목 안의 점막 세포를 노립니다. 그러면 개별 바이러스 미립자들이 숙주 세포를 정복하면서 세포 안에서 번식하기 시작하지요. 나중에는 숙주 세포가 터지면서 바이러스 미립자들을 분출합니다. 분출된 바이러스 미립자들은 자신들을 받아들일 수 있는 새로운 숙주 세포들을 찾아 나서고요. 모든 바이러스가 똑같이 행동하는 것은 아니에요. 하지만 감염의 결과는 같지요. 즉, 바이러스 세포가 대량생산되고 숙주 세포가 죽는 것입니다.

우리의 몸은 바이러스 감염을 감지할 때면 비상벨을 울립니다. 마치 집의 보안 장치 같은 것이지요. 그래서 우리의 면역 체계에 반격하라고 신호를 보냅니다. 발열, 기침, 가래가 몸의 무기들이에요. 발열은 당신의 심부 체온을 올려서 바이러스들을 죽입니다. 재채기하고, 기침하고, 끓어 올린 침을 뱉는 것도 바이러스 미립자들을 입과 코 밖으로 밀어내는 행위들이에요.

1800년대 후반, 쟁쟁한 과학자들은 바이러스의 존재를 알고 있었습니다. 하지만

그 사실을 증명할 수 있는 장비가 부족했지요. 프랑스인 루이 파스퇴르도 그러한 과학자였습니다. 1885년, 파스퇴르는 광견병이 현미경으로도 볼 수 없을 정도로 작은 세균에 의해 발생한다고 생각했어요. 그리고 이 조그만 미생물에 '바이러스'라는 이름을 붙였지요. '바이러스'는 '독'을 뜻하는 라틴어 'virus'에서 기원한 용어입니다. 루이 파스퇴르는 바이러스학의 선구자로서 인정받고 있어요.

그로부터 7년 뒤, 러시아인 생물학자 드미트리 이바노브스키가 담배나무를 공격하는 미생물을 분리했습니다. 이바노브스키는 감염된 나무들의 잎을 짓이겨 시럽을 만들었어요. 그 뒤 이 시럽을 도자기 필터로 여과시켰지요. 그러고 나서 이바노브스키는 건강한 식물의 잎에 이 시럽을 묻혔습니다. 시럽이 묻은 식물들이 감염되자 이바노브스키는 여과시킨 시럽 안에 뭔가가 존재한다는 사실을 깨달았습니다. 도자기 필터를 통과할 수 있을 정도로 작은, 그러니까 박테리아보다도 더 작은 뭔가가 말이지요. 그 뭔가란 바로 바이러스였습니다. 몇 년 뒤, 독일인 프리드리히 뢰플러와 파울 프로쉬도 구제역을 유발하는 미세한 전염성 생물체들을 발견했어요. 바이러스였냐고요? 당연하지요!

1931년에 전자현미경이 발명되자 우리는 드디어 바이러스를 볼 수 있게 됐어요. 전자현미경은 일반 광학현미경에 비해 100만 배 이상 표본을 확대하여 볼 수 있게 해줍니다. 이로써 과학자들은 바이러스가 존재한다는 것을 눈으로 확인할 수 있었지요. 더 나아가 과학자들은 바이러스의 구조, 기능 및 행태도 알아낼 수 있게 되었답니다.

벌레와 혈류

깊은 밤, 열대림 어딘가에서 암컷 모기 한 마리가 식사를 찾아다닙니다. 제대로 된 알을 낳으려면 신선한 피를 마셔야만 하거든요. 모기는 자고 있는 인간 가족의 온기와 냄새, 숨결에 이끌려 희생자의 기척을 잡아냅니다. 이번에는 인간 아버지가 내뿜는 이산화탄소 가득한 공기가 암컷 모기의 구미를 끌어 당겼어요. 심지어 인간 아버지의 맨 어깨는 모기 방충망 밖으로 빠져나와 있기까지 합니다!

암컷 모기가 인간 아버지의 따뜻한 피부 위에 내려앉습니다. 그리고 피부 위를 찔러 먼저 침 한 방울을 인간 아버지의 몸 속으로 침투시켜요. 모기의 침은 인간의 피를 더욱 천천히 굳게 하는 역할도 하거든요. 얼마 뒤, 양껏 피를 빨아먹은 암컷 모기는 천천히 피를 소화시키며 휴식하기 위해 멀리 날아갑니다.

며칠 뒤, 암컷 모기가 물웅덩이에 첫 번째 알 무더기를 낳습니다. 그리고 두 번째 알 무더기를 낳기 위한 피를 줄 또 다른 희생자를 찾아 떠나지요. 몇 주 안 되는 짧은 생애 동안 최대한 많은 알을 낳아야 하니까요. 하지만 암컷 모기가 몰랐던 사실이 있습니다. 바로 모기의 희생자였던 인간 아버지가 말라리아 보균자였다는 점이지요. 그러나 인간 아버지는 행운아이기도 했습니다. 그는 어린 시절 말라리아를 앓고도 살아남았으니까요. 물론 어른이 된 지금도 종종 열이 나고, 오싹해지며 몸에서 힘이 빠지는 증상에 시달리기는 하지만요.

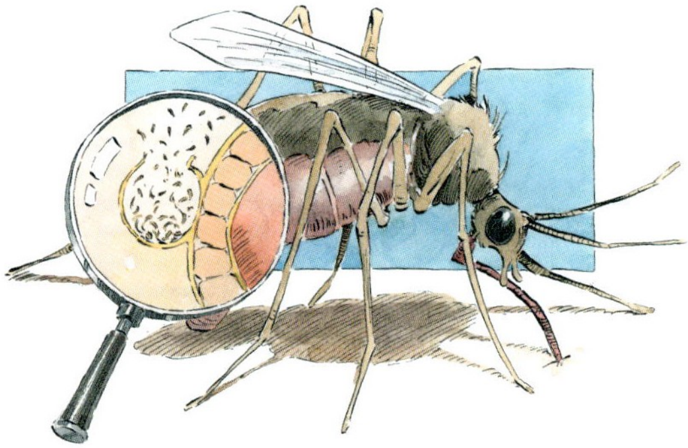

말라리아에 감염된 인간 아버지의 혈액은 암컷 모기의 내장에 남아 있습니다. 게다가 이 암컷 모기는 학질모기 종이라서 말라리아 원충을 몸에서 쫓아내지 못합니다 세계에 존재하는 3,000여 종 이상의 모기들 중 약 450여 종이 학질모기 종입니다. 그러나 학질모기 종 중 40여 종 미만이 말라리아균을 가지고 있어요. 모기의 몸 속, 정확히는 내장에 자리 잡은 말라리아 원충은 곧 수천 개의 미세한 바나나 모양으로 변해서 꼬물거립니다. 그 뒤에

박테리아와 비슷하면서도 다른 바이러스

바이러스 세포는 단백질 껍질이 유전 물질을 둘러싼 구조로 형성됐습니다. 크기가 아주 작지만 혼자 있을 땐 살아 있다고 볼 수 없어요. 번식도 하지 못하죠. 대신 바이러스는 다른 생명체에 침입해서 자기보다 더 크고 복잡한 생명체 세포의 구조를 이용해 생명 활동을 하며, 번식도 합니다. 혼자서 생명 활동도 할 수 있고 번식도 가능한 박테리아와는 다르지요. 그런데 바이러스 중에는 다른 생명체에 침입했더라도 휴면 상태를 유지하는 것도 있습니다. 그러다 어느 순간 활동을 개시하는 거죠. 수두 바이러스에 걸렸던 아이들 중 3분의 1은 성인이 되면서 수두 바이러스의 다른 형태를 경험하게 됩니다. 바로 대상포진이지요. HIV도 숙주를 찾자마자 번식을 시작하지 않는 바이러스의 또 다른 예입니다 .

기원전 200년 전부터 사람들은 예방접종을 통해 전염성 질병으로부터 자신을 보호했어요. 여전히 백신은 바이러스로부터 우리 몸을 지키는 효과적인 방법입니다. 진통 해열제와 같은 몇몇 약도 바이러스로 걸린 병증을 호전시키는 데 도움을 줍니다. 그리고 항바이러스제는 특정 바이러스 질환의 발병 시기를 늦추거나 예방하지요. 반면, 항생제는 바이러스에 아무런 영향을 주지 못합니다.

바이러스와 비슷하면서도 다른 프리온

단백질을 뜻하는 용어인 프로테인(protein)과 감염을 뜻하는 용어인 인펙션(infection)을 섞어보세요. 그러면 프리온이라는 용어가 됩니다. 프리온은 바이러스와 조금 달라요. 하지만 프리온도 살아 있는 세포 내에서 활성화되지요. 프리온은 현미경을 통해서만 보이며 살아 있지 않은 단백질 조각입니다. 그리고 크루츠펠트야콥병이라는 인간의 뇌를 파괴하는 희귀 질환을 유발해요. 이 질병은 광우병 덕분에 오늘날 우리에게도 널리 알려져 있습니다. 소, 양, 무스, 사슴 등을 포함한 발굽이 있는 몇몇 동물들도 뇌가 파괴되는 프리온 질병에 걸릴 수 있어요. 고양이, 타조 및 밍크도 마찬가지로 걸릴 수 있고요. 프리온 질병들은 빠르게 진행되며 항상 치명적입니다. 치료 방법은 없어요.

는 모기의 타액샘으로 침입해 들어가지요. 이제 이 암컷 모기는 사람을 물 때마다 말라리아 원충을 옮기게 됩니다.

일주일 뒤, 열대림 근처에 사는 두 형제가 해 질 무렵까지 공을 찹니다. 형제가 집으로 돌아오는 길에 감염된 암컷 모기가 형제의 열기를 느끼고는 다가옵니다. 모기는 길가의 눅눅한 풀 속에서 날아올라 동생의 발목을 물지요. 양껏 동생의 피를 빨아 먹으면서 모기는 말라리아 원충 24여 마리를 동생의 혈류 속에 주입합니다. 그 뒤 모기에게 물린 것을 알아채고 동생이 자신의 다리를 손바닥으로 치기 전에 잽싸게 도망쳐 버리지요. 동생은 모기 물린 부위가 성가시게 가려운 점을 제외하고는 별 증상을 느끼지 못합니다. 하지만 한 시간이 채 되지 않아 말라리아 원충이 동생의 혈류를 따라 간으로 이동합니다. 기생충들은 간세포 속으로 꼬물꼬물 들어가 다시 변신을 해요. 이번에는 수천수만 개의 세모꼴로 원생동물이 나뉘지요. 이 과정이 진행되는 기간은 말라리아 원충의 종류에 따라 다양하게 나타난답니다.

약 2주 뒤에는 원충들이 간세포 밖으로 방출되어 혈류로 들어갑니다. 혈류 속에서는 동생의 면역 체계가 기생충들과 싸움을 벌이지요. 면역 체계는 안간힘을 다해 막아보지만 결국 몇 마리의 기생충이 동생의 적혈구에 침입하는 데 성공합니다. 적혈구 안에 들어간 원충은 다시 변신을 해요. 나중에는 숙주인 적혈구를 죽이고 말지요. 하지만 몇몇 원충은 적혈구 속에 들어가 변신을 한 뒤, 기생하는 대신 아무런 활동을 하지 않고 대기하고만 있습니다. 그러면서 또 다른 학질모기가 피를 빨면서 자기도 같이 빨아가기를 기다리는 것이죠.

기생한 원충들은 숙주인 적혈구의 양분을 다 빨아먹은 뒤 그때까지 기생하던 숙주를 파괴합니다. 그리고 새로운 세포를 찾아 사냥을 나서지요. 동생의 몸에 침입한 시기가 같기에 이 과정 역시 거의 동시에 진행됩니다. 이때 원충이 남긴 독성 폐기물이 동생의 혈류 속으로 한꺼번에 흘러가게 되지요. 그러면 동생의 면역 체계는 이 독과 싸우기 위해 급성으로 열을 냅니다. 이 열 때문에 아마 동생은 추워 저절로 몸서리치며 떨게 될 거예요. 한편, 숙주를 파괴한 원충들은 새로이 침입할 건강한 적혈구들을 찾아 나섭니다. 그리고 적혈구에 기생하여 양분을 빨아먹은 뒤 파괴하는 과정을 되풀이하지요.

원생동물의 발견

박테리아 및 바이러스와 더불어 원생동물도 인간에게 발생하는 전염병의 주요 원인입니다. 말라리아와 아메바성 이질, 인간 아프리카 트리파노소마증(수면병), 지아르디아증(편모충증)은 각기 다른 종류의 원생동물 감염 질환들이에요. 박테리아와 바이러스는 대기를 타고 다니거나 액체와 함께 흘러 퍼집니다. 반면 원생동물은 스스로 새로운 숙주를 찾아 이동하지요. 예를 들어 말라리아를 유발하는 원생동물인 말라리아원충은 혈액 속에서 채찍처럼 생긴 편모들을 마치 노처럼 휘저으며 움직입니다. 말라리아원충이 질병을 유발하는 과정을 완성시키기 위해서는 따뜻한 혈액을 갖고 있는 동물과 모기를 모두 거쳐야 하지요. 그 과정에서 말라리아원충은 모두 일곱 가지의 다른 형태로 차례차례 변이합니다.

수백 년 동안 사람들은 말라리아(malaria)를 습지와 연관시켜 생각했습니다. 말(mal) 아리아(aria)는 이탈리아어로 '나쁜 공기'를 뜻해요. 그러나 사람들은 말라리아가 모기와 관계가 있는지 몰랐어요. 많은 의사가 말라리아라는 퍼즐 전체를 끼워 맞추기 위해 주의 깊게 관찰해야 했습니다. 알제리아 군병원에서 근무하던 프랑스인 챠를스 라브랑 박사가 1880년에 말라리아로 인해 갓 사망한 군인의 신선한 혈액을 현미경으로 관찰했어요. 라브랑 박사는 적혈구 안에서 실 같은 조직들이 흔들리고 있는 것을 발견했지요. 박사는 살아 있고 움직이는 원생동물에 의해 군인의 혈액이 감염됐다는 것을 깨달았어요. 몇 년 뒤, 인도에서 근무하던 시인이자 영국인 의사인 로널드 로스 박사가 말라리아는 모기가 많은 지역에서 흔하게 발생한다는 점을 확인했습니다. 로스는 모기 속에서 라브랑이 보고한 말라리아 기생충을 찾기 시작했지요. 그리고 드디어 학질모기의 내장 안에서 자라고 있던 원생동물을 찾아냈지요. 로스는 감염된 학질모기에 물린 사람들이 말라리아에 걸린다는 것을 증명할 수 있었습니다. 이 발견으로 로널드 로스 박사는 1902년에 노벨상을 받았답니다.

원충들이 새로운 사냥감을 찾아 기생을 시작하면 동생은 병이 조금 나아진 것처럼 느낍니다. 하지만 3일쯤 뒤 원충이 숙주를 파괴해서 독성 폐기물을 배출할 때면 다시 열이 오르고 추위에 몸을 떨지요. 이 과정이 반복될 때마다 배출되는 폐기물의 양은 점점 늘어납니다. 그러다 너무 많은 적혈구를 잃게 되면 심각한 빈혈이 생겨서 죽을 수도 있습니다.

하지만 이 동생은 운이 좋았어요. 결국에는 살아남았으니까요. 동생은 앞으로 수년 동안 열이 나고 추위에 떠는 괴로운 시간들을 겪을 것입니다. 앞으로는 축구 경기에도 참여하지 못하겠지요. 그래도 원충이 공격하는 정도는 앞으로 점점 줄어들 거예요. 하지만 만약 동생이 말라리아 원충에 감염된 학질모기 40여 종 중 하나에 물린다면, 몸에 있던 원충들은 동생을 물은 모기를 감염시키겠지요. 그리고 그 뒤 그 모기가 문 다른 사람도 모두 말라리아에 감염될 것이고요. 오늘날 아프리카에서는 아이들 3명당 1명이 말라리아에 걸려 사망합니다. 세계에서는 10초마다 1명이 말라리아 때문에 생명을 잃지요. 바이러스의 살상력이 믿어지지 않지요?

의사는 아마도 동생의 말라리아를 약물로 치료할 수 있을 겁니다. 물론 동생의 가족이 그 약을 살 형편이 되어야 하겠지만요. 아직 감염되지 않은 사람에게는 방충망도 좋은 방법입니다. 지금도 과학자들은 수천 년 동안 인류를 괴롭혀온 말라리아 원충이 퍼지는 것을 막을 수 있는 백신을 찾으려고 고군분투하고 있어요.

생활 습관의 선택과 발병 가능성

혹시 아프고 싶나요? 주변에서 당신을 향해 재채기를 해서 바이러스를 옮겨줄 친구가 없나요? 차라리 당신의 위장관을 관통할 만한 박테리아 감염 질환에 걸리는 것이 더 좋을 것 같나요? 그렇다면 사물함 속에 샌드위치를 일주일간 방치해뒀다가 먹어보시든가요. 더 좋은 방법이 있었네요! 비버 댐이 있는 연못을 찾아 그 물을 마시고 편모충증에 걸리세요. 그러면 당신은 단세포 원생동물 기생충의 숙주 놀이를 할 수 있어요. 질퍽한 방귀, 설사 및 구토와 같은 매혹적이고 역겨운 증상들도 견디면서 말이지요.

진짜로요? 말도 안 되는 소리지요! 대부분의 사람처럼 당신도 웬만하면 아프지 않으려고 합니다. 그리고 만약 당신이 정말로 아프게 된다면, 당신은 자신의 몸을 나쁘게 만든 범인을 찾아내서 비난하고 싶겠지요. 그렇지만 술을 마시거나 약물을 하는 위험한 생활 습관을 일부러 선택하는 사람들도 있어요. 이런 사람들은 종종 전염되지 않는 비전염성 질환에 걸리곤 하지요. 담배를 피우거나, 선탠을 하거나, 심한 다이어트를 해도 이러한 비전염성 질환에 걸릴 수 있습니다.

담배 피우기

반질반질하고 투명한 비닐 포장에 있는 금색 띠를 잡아당기세요. 그러면 이제 당신은 한 걸음 다가선 거랍니다. 종이 갑은 보지 마세요. 썩어가는 잇몸을 찍은 생생한 사진이나 뇌졸중의 위험성을 경고하는 무서운 문구 또는 심각한 사망률을 안내하는 통계 자료를 보고 충격을 받을 수도 있으니까요. 재빨리 담배를 입에 물어요. 마음이 바뀌기 전에요. 성냥을 긋는 동안 담배를 입술로 지그시 물어보세요. 그러고는 담배 끝에 성냥불을 대고 담배 필터를 통해 숨을 들이마시세요. 마신 연기는 끝까지 들이켜 폐의 맨 밑바닥까지 보내고요. 어쩌면 기침을 하거나 토하거나 어지러워져서 주저앉을 수도 있겠네요. 다 하고 난 뒤 가만히 생각해보세요. 어쩌면 나도 중독자가 될 수 있겠구나, 하고 말이지요.

우리 몸은 담배로부터 얻을 수 있는 그 어떤 성분도 필요로 하지 않아요. 담배는 모두 독성 화학 물질을 포함하고 있지요. 대표적인 독성 화학 물질로는 일산화탄소가 있어요. 화석 연료가 탈 때 나오는 그 치명적인 가스가 바로 일산화탄소예요. 사람들이 자기 집에 일산화탄소의 존재를 경고해줄 수 있는 감지 장치를 일부러 설치할 정도로 치명적인 가스죠! 포름알데히드도 빼놓을 수 없답니다. 포름알데히드는 실험실에서 죽은 개구리를 보존할 때 쓰거나 아스팔트를 깔 때 사용하는 물질입니다. 아스팔트라니……. 그건 고속도로 위에서나 볼 수 있는 것 아닌가요? 이렇게 담배는 온갖 독성 성분을 한데 넣고 끓여버린 혼합물이에요. 그런데도 매일 3,000명의 미국 청소년이 자기 생애 첫 담배에 불을 붙입니다. 만약 이 3,000명의 청소년이 계속 담배를 피우게 된다면, 담배를 피우지 않은 사람들에 비해 평균 7년 더 빨리 사망하게 돼요. 그렇다면 왜 청소년은 담배를 피울까요?

담배 회사들은 청소년 시장을 목표로 광고를 합니다. 성인 흡연자 중에는 담배를 피다가도 끊는 사람들이 많죠. 어떤 성인들은 담배 때문에 일찍 사망하기도 해요. 그러니까 담배 회사들은 줄어든 성인 고객을 대신할 새로운 젊은 고객들이 자사 상품을 구매하도록 '고객 유치'를 하는 셈이지요. 때로는 영화나 뮤직비디오를 이용하기도 합니다. 자신이 가장 좋아하는 배우나 가수가 화면 속에서 멋들어지게 담배를 피우는 모습을 본다고 상상해보세요. 솔깃하겠죠? 어떤 청소년들은 담배 정도는 피워야 또래 집단에 속할 수 있을 것 같은 압박을 느끼기도 합니다. 또는 흡연하는 부모님의 모습을 보고 따라서 피기 시작하는 경우도 있지요.

그런데, 흡연을 시작한 계기가 무엇이었든 간에 일단 시작한 흡연을 끊는 일은 무척 어렵습니다. 담배에는 중독성이 있기 때문이지요. 우리 몸은 처음으로 담배를 피는 그 순간부터 니코틴을 간절히 원하기 시작하니까요.

담배와 관련된 질병 때문에 수많은 미국인들이 사망하고 있습니다. 교통사고와 자살, 에이즈AIDS나 살인, 음주, 마약 때문에 죽은 사람 수를 다 더해도 담배로 인한 사망자 수를 못 따라갈 정도지요. 담배는 예방 가능한 사망 원인 중 가장 큰 비중을 차지해요. 더 나아가 간접흡연은 담배를 피우지 않는 사람들도 죽게 만들지요.

식이 장애

9세에서 12세 사이의 미국 어린이 4명당 1명은 과체중이거나 비만입니다. 다른 선진국캐나다, 일본, 독일, 프랑스, 영국, 이태리, 오스트레일리아와 같이 경제가 발달한 나라의 어린이도 크게 다르지 않긴 하지만요. 과체중 어린이의 수는 우리 조부모님이 젊었을 때보다 훨씬 많아졌어요. 어떤 사람은 유전적인 요인 때문에 과체중이거나 비만이에요. 하지만 대부분의 사람은 잘못된 생활 습관 때문에 과체중이 되지요. 건강에 좋지도 않고 심지어는 기름지기까지 한 음식을 너무 많이 먹는 습관, 좀체 몸을 움직이지 않는 습관이 체중 증가의 원인입니다. 많은 아이들이 밖에서 뛰어놀기보다 텔레비전이나 컴퓨터 앞에 앉아 있거나 비디오게임을 하는 데 더 많은 시간을 보내잖아요. 학교나 친구 집에 갈 때 걷거나 자전거를 타는 대신 차를 타고 가는 습관도 우리의 비만에 한몫을 하고 있지요.

물론 이렇게 몸을 움직이지 않는 추세가 어린이들 탓만은 아니지요. 이런 어린이들의 부모도 활동량이 적은 습관을 갖고 있을 가능성이 많아요. 이런 부모들은 자신의 습관이 자식에게 주는 영향을 깨닫지 못하는 경우가 대부분입니다. 비만이 뭐가 어때서 그러냐고요? 비만은 심장병, 당뇨, 우울증, 관절질환, 암의 발생 빈도를 직접적으로 증가시켜요. 대부분의 사람은 비만이었던 아이들이 자라서 비만인 성인이 되어야 위와 같은 질병에 걸린다고 생각했어요. 하지만 요즘 의사들은 아홉 살 남짓한 소아에게서도 성인병을 발견하고 있지요.

신경성 무식욕증과 식욕이상항진증은 나이가 좀 있는 아이들, 특히 12세 이상의 소녀들에게 영향을 끼치는 식이 관련 질환들입니다. 신경성 무식욕증 환자들은 체중과 체형을 조절하기 위해 음식을 거부하거나 토해내요. 이 질환의 원인은 복잡해서 뭐라고 콕 집어 설명하기도 어렵지요. 아마 사회에서 마른 체형을 선호하는 성향도 부분적으로 작용할 거예요. 미국 고등학생과 대학생도 100명당 11명꼴로 식이장애를 겪고 있어요. 200명당 1명은 무식욕증에 시달리고 있지요. 또 600명당 4명은 식욕이상항진증을 갖고 있어요. 무식욕증이 있는 청소년은 식이장애로 죽을 확률이 다른 이유로 죽을 확률보다 12배나 더 높답니다. 살아남은 무식욕증 청소년들도 심장질환이나 자살로 인하여 젊은 나이에 사망할 가능성이 보통 청소년보다 더 높고요.

선탠 대 피부암

직접 햇볕을 쬐는 것과 피부암 사이에 연관이 있나요?

네! 아, 아니다. 아니요! 글쎄요? 어쩌면, 음……. 그때그때 다른가요?

'그때그때 다르다'가 사실은 정확한 대답이에요. 자외선 차단제를 사용하지 않고 일광욕 침대미용을 위해 피부를 태워 어둡게 만드는 기계예요를 이용하는 모든 사람이 피부암에 걸리지는 않습니다. 항상 자외선 차단제를 사용하고 일광욕 침대를 사용하지 않는 사람들도 악성 흑색종에 걸리는 경우가 있지요. 그런 사람들은 드물게도 피부암에 대한 유전적 경향성을 타고난 사람들입니다. 선탠으로 생기는 피부암은 대개의 경우 예방할 수 있어요. 그런데도 이 문제와 관련해서 긴가민가해 하거나 무조건 부인하는 반응을 자주 볼 수 있지요. 대부분의 부모는 자식들이 햇볕에 노출되기 전에 자외선 차단제를 바르고 모자를 쓰며 햇볕으로부터 보호해줄 옷을 입도록 엄격히 챙겨요. 그러나 15세 이상의 소녀들 중에 일광욕 침대햇볕을 직접 쬐는 것과 같은 효과가 있어요를 이용하고 자외선 차단제를 바르지 않는 소녀들이 점점 늘어나고 있지요. 소년과 젊은 남성들은 일광욕 침대를 이용하기 위해 돈을 지불할 가능성은 훨씬 낮습니다. 하지만 소녀들이나 여성들보다 자외선 차단제를 바르지 않을 가능성은 더 높아요.

7명 중 1명은 살면서 피부암을 경험합니다. 하지만 해변에 가거나, 자전거를 타거나, 심지어 스키를 탈 때도 청소년들은 피부암의 위험성을 제대로 인지하지 못하고 있지요. 햇볕을 너무 오래 쬔 결과는 시간이 지나면서 점차 쌓여요. 그러다 나중에 피부암으로 발전하지요. 햇볕과 일광욕 침대 같은 선탠 기계로부터 나오는 자외선UVR, ultraviolet radiation이 암의 원인이 된다는 것은 확실히 검증된 사실입니다. 미국 정부가 발표한 '인간에게 암을 유발하는 성분 및 물질 리스트'에 자외선이 버젓이 올라 있을 정도지요.

비누와 물의 마법

먼 옛날, 질병이 아직 미스터리였을 시절에 한 사냥꾼 가족이 불구덩이에 접근했어요. 몇 달 전 사냥꾼 가족은 자연이 만들어준 이 캠핑장에서 맛있는 야생들소 엉덩이살을 구워먹은 적이 있었지요. 사냥꾼 가족은 이번에는 아예 잔치를 벌일 목적으로 손질한 염소를 가져왔습니다. 한 젊은 여성이 불길을 일으키기 위해 식은 잿더미를 막대기로 찔러봅니다. 그런데 뭔가 부드러운 것이 느껴지네요. 젊은 여성은 가족이 불을 피울 수 있도록 구덩이를 치우기 위해 몸을 수그리고 앉아 손가락으로 재를 긁어냈어요. 재를 다 치우자 끈적끈적한 진액이 손을 덮고 손톱 밑에도 끼였지요. 젊은 여성은 근처 개울에 손을 담그고 진액을 씻어내기 위해 열심히 손을 문질렀어요. 그러자 진액은 부글부글 비누 거품 뭉치가 되었지요. 개울물은 거품과 함께 사냥하면서 묻은 재와 흙, 피, 기름까지 씻어냈고요. 얼마 뒤, 젊은 여성의 손은 티 하나 없이 깔끔해졌습니다. 여성은 다시 이 진액을 발견하게 되면 꼭 공 모양으로 뭉쳐 놓고 아껴 쓰기로 다짐했지요. 다음번에 손이 지저분해졌을 때를 위해서요.

인류가 정확히 언제 어디서 처음 비누와 물의 마법 같은 효과를 우연히 경험했는지는 알 수 없습니다. 하지만 빗물, 재, 지방이 섞이면 흙과 기름을 씻어낼 수 있는 물질이 만들어지니까 언제든 인류가 발견할 수 있었겠지요. 과학적으로 설명하자면 가성소다와 같은 강한 알칼리성 물질이 동물성 지방이나 식물성 기름과 화학적으로 반응하면 천연비누가 만들어집니다. 비누가 발견되기 전, 사람들은 아마도 모래로 피부를 문지른 후 그 모래와 흙을 물로 닦아냈겠지요. 그러나 이런 방법으로는 우리 피부의 피지에 붙어서 질병을 유발하는 미생물들을 죽이거나 씻어내지 못해요.

오늘날 과학자들은 비누로 손을 씻는 것이 질병에 걸리거나 질병을 퍼뜨리는 현상을 예방할 수 있는 매우 쉽고 효율적인 방법이라고 믿어 의심치 않습니다. 전염성 질병은 흔히 접촉을 통해 사람에서 사람으로 옮겨져요. 우리가 아플 때 코를 풀거나, 손가락을 입으로 가져가거나, 발진을 긁거나, 엉덩이를 닦으면 몸속 미생물들이 손으로 이동하지요. 그때 우리가 즉시 손을 씻지 않는다면 그 미생물들은 다른 사람들, 또는 우리 주변으로 옮겨갑니다. 의사들이 우리에게 소매에 대고 재채기를 하

고, 화장실을 갔다 온 후나 식사 전에 손을 씻도록 권장하는 건 다 이유가 있답니다!

우리의 손은 주변 환경이나 다른 사람들로부터 미생물을 옮을 수도 있어요. 문고리를 잡을 때, 돈을 만질 때, 기저귀를 갈 때, 동물을 쓰다듬을 때, 생고기를 다룰 때 등등 미생물에 노출되는 경우는 무궁무진하지요. 이런 미생물들은 씻지 않은 손으로 눈이나 코를 문지르거나, 피부를 긁거나, 입술을 건드릴 때 우리의 몸 안으로 침투해요. 공중위생 전문가들은 절반 이상의 감기나 독감이 손끼리 접촉하면서 전염된다고 주장하고 있어요. 비누로 손을 씻는다고 감염이 퍼지는 과정을 완전히 막을 수는 없어요. 하지만 엄청난 도움이 되는 건 사실이지요.

비누로 손을 씻는 게 어떤 효과가 있는 걸까요? 비누는 우리 피부 위의 기름 성분을 느슨하게 만들어요. 이렇게 기름이 느슨해지는 과정에서 바이러스, 박테리아 및 기타 병원균들, 행여나 손에 붙어 있던 것들도 떨어져 나가지요. 그러면 물이 병원균을 씻어버리게 돼요. 하지만 비누가 그 역할을 수행하려면 우리는 손의 앞과 뒤, 손가락 사이사이, 손톱 밑, 손목 주변까지 샅샅이 거품을 내고 헹궈야 합니다. 또한 손을 적어도 20초 이상 씻어야 해요. 20초면 '생일 축하합니다' 노래를 두 번 부르거나 알파벳을 처음부터 끝까지 한 번 암송할 수 있는 시간이지요.

비누는 '항균'이라고 표시되어 있지 않아도 항균에 효과적입니다. 모든 비누는 박테리아를 퇴치하니까요. 어떤 사람들은 일반적인 비누와 물 대신 손 살균제를 선호하기도 해요. 손 살균제는 알코올로 미생물을 죽이는 제품이에요. 그러나 살균제가 효과가 있으려면 60퍼센트 이상 알코올을 함유한 살균제를 사용해야 합니다. 그리고 살균제가 손에서 완전히 마를 때까지 양손을 비벼야 해요.

02

고대적 이야기, 현대적 진단들

신들의 분노

1만 년 전 아이들은 전염성 질환에는 그리 자주 걸리지 않았답니다. 어쩌면 전염병 자체가 존재하지 않았을지도 몰라요. 그때의 가족들은 작고 독립된 무리를 이루며 사냥하고 살았습니다. 그래서 질병을 유발하는 박테리아와 바이러스도 한 번이나 두 번쯤 무리 안을 돌며 희생자를 낼 뿐, 다른 무리로 옮겨가는 일은 드물었습니다. 그때 아이들이 죽은 원인 대부분은 상처가 곪아 탈이 난 경우이거나, 동물의 습격 또는 굶주림이었어요. 하지만 5,000년 후 모든 것이 변했습니다. 농부들은 마을과 도시를 이루어 모여살 수 있을 만큼 충분한 양의 음식을 재배하는 방법을 터득했지요. 농업은 인류에게 많은 혜택을 가져왔어요. 한마디로 요약하자면 문명을 일으켰지요. 그러나 새로운 공동체들은 최소한 한 가지 이상의 크나큰 문제점에 봉착했어요. 바로 미생물들이 퍼져나갈 수 있을 정도로 사람들이 서로 가까이 붙어살게 됐다는 점이지요. 새로 생겨난 도시들은 적정한 수의 이민자들을 시골로부터 꾸

준하게 끌어들였습니다. 달리 말해 미생물들의 새로운 피해자를 끊임없이 공급 받은 셈이지요.

비슷한 시기에 아시아, 중동 및 북아프리카 지역에서는 사람들이 동물을 사육하는 방법을 알아냈습니다. 그들은 가축들을 애지중지하며 집 안이나 집 근처에서 키웠지요. 수많은 가축 질병이 인간에게 전염될 수 있는 질병으로 변이했습니다. 결핵, 어쩌면 천연두도 소에서 유래했을 겁니다. 인플루엔자는 돼지와 오리로부터, 일반 감기는 말로부터, 홍역은 소나 개로부터 출발했어요. 또한 가축에 붙어살거나 저장된 식품에 있던 벌레에게 물려서 동물 질병이 사람에게 옮겨오기도 했지요. 전염병은 고대 구세계유럽, 아시아 및 아프리카를 지배했습니다. 그러나 남북아메리카 사람들은 농작물을 재배했고, 도시와 마을을 이루며 살았어도 개와 같은 극소수의 가축들만 키웠어요. 그래서 고대 신세계남북아메리카 사람들은 전염병에 많이 걸리지 않았지요. 유럽인이 전염병과 함께 남북아메리카 해안에 상륙하기 전까지는 말이죠.

고대 그리스인들은 질병에 대해 우리와 다른 생각을 가지고 있었어요. 아픈 것은 그냥 아픈 것이었고 아픈 증상 하나와 다른 아픈 증상 하나를 따로 구별하지도 않았어요. 신들이 우리를 아프게 만든 것이었으니까요. 우리가 인식하고 있을 수도 있고, 없을 수도 있는 잘못된 행동에 대해 신들이 우리 자신과 마을 공동체에 벌을 내리는 것이라고 생각했죠. 많은 수의 사람이 질병에 걸려 사망할 때면 마을 공동체 전체가 겁을 먹었어요. '왜 신께서 노하셨을까?'라고 생각하면서요. 사람들은 자기들에게 병이라는 벌을 내렸을 법한 신을 찾아 기도하거나 희생제의를 올렸습니다. 신의 마음을 위로하여 병을 낫게 하기 위해서였지요. 질병 증상들 간의 차이점을 관찰해서 질병을 종류별로 나누고, 질병에 따라 현실적인 원인과 치료 방법을 모색하게 되기까지는 그 뒤로 많은 시간이 흘러야 했습니다.

질병들 간의 차이를 처음으로 기록한 사람은 기원전 460년 고대 그리스에서 태어난 의사, 코스의 히포크라테스였습니다. 히포크라테스는 더 나아가 질병은 몸의 균형이 깨져서 생긴 것이라고 주장했지요. 그는 환자들에게 신에게 해결책을 구하는 대신 의사를 찾아 치료를 받으라고 권했어요. 하지만 히포크라테스가 사망한 지 수백 년이 지난 뒤에도 사람들은 여전히 분노한 신들이 질병을 일으킨다고 믿었습니다. 심지어 히포크라테스의 치료법에 따라 교육받은 의사들조차 환자의 증상을 기록할 때 오늘날 우리라면 중요하다고 여길 법한 점들을 놓치는 경우가 허다했지요. 이러한 이유로 옛 의사들이 묘사한 질병들이 어떤 병인지 오늘날 확인하기란 무척 어렵습니다. 그래도 질병에 대해 주의 깊게 관찰하고 의문을 품으면서 사람들은 질병에 대한 해답과 치료법 그리고 도구들을 점점 찾아나갈 수 있었지요.

판도라

고대 그리스 신화에서는 질병의 발생을 신의 탓으로 돌립니다.

옛날 옛적에, 최고의 신 제우스가 프로메테우스라는 신에게 지구에서 살 인간을 창조하라고 명령을 내렸어요. 프로메테우스는 인간들을 정성 들여 만들었습니다. 하지만 만들어놓은 인간들을 보고 있자니, 프로메테우스는 이들의 삶이 비참할까 봐 걱정이 됐어요. 그래서 프로메테우스는 인간에게 불을 주려고 제우스에게 허락을 구했답니다. 인간들이 밤에 따뜻하게 지내고 포식자들에게 습격당하지 않도록 하기 위해서였어요. 그러나 제우스는 불이 숭고하다고 생각했어요. 불은 오로지 신의 전유물이라나요. 그런데도 프로메테우스는 제우스의 명령을 어기고 인간들에게 불을 줬지요. 제우스는 분노하여 사슬로 프로메테우스를 산등성이 바위에 영원히 묶었어요. 매일 낮, 제우스는 독수리를 보내서 독수리가 프로메테우스의 간을 파먹게 했어요. 프로메테우스의 간은 매일 밤 다시 돋아났고, 다음 날이면 또 다시 간을 파 먹히는 고통을 당해야 했지요.

제우스는 인간에게도 벌을 내렸어요. 제우스는 헤파이스토스라는 신에게 하얀 대리석으로 아름다운 인간 여성을 창조하라고 지시했지요. 인간 여성이 만들어지자 제우스는 그 인간 여성에게 판도라라는 이름을 내렸습니다. 판도라는 '모든 것을 선물 받은'이라는 뜻이에요. 그 뒤 제우스는 다른 신들과 여신들에게 판도라에게 선물을 주어 판도라의 매력을 높이라고 명령했어요. 여신들은 판도라에게 매혹

적인 미소와 루비처럼 붉은 입술, 사파이어같이 푸른 눈을 주고, 예쁜 드레스와 장신구로 판도라를 치장해줬어요. 제우스도 판도라에게 두 가지 선물을 줬습니다. 하나는 절대로 충족될 수 없는 호기심이고, 또 다른 하나는 절대로 열어서는 안 되는 밀폐된 항아리였지요. 당연히 판도라는 호기심을 이기지 못하고 항아리를 열었답니다! 하지만 항아리 밖으로 날아 나온 것은 오늘날 인간이 견뎌야 하는 온갖 악이었어요. 질병도 그중 하나였습니다. 판도라는 자신이 무엇을 풀어주고 있는지 깨닫고는 얼른 뚜껑으로 항아리 입구를 막았어요. 그러나 항아리 안에 남은 것은 오로지 희망 하나뿐이었지요.

그 뒤 인간은 수많은 질병과 악의 비행에 줄곧 시달려야 했어요. 그래도 인간에게는 항상 희망이 남았답니다.

초기 전염병들, 아니면 말고

초기 전염병은 어땠을까요? 전염병은 어디서 언제 발생했을까요? 역사학자들도 정확히 알지는 못합니다. 하지만 몇 가지 근거를 바탕으로 추정을 하고 있지요.

기원전 2000년에는 지구상의 다른 어느 곳보다 이집트에 많은 사람이 터전을 잡고 살았답니다. 약 200만 명 정도나 됐지요. 대부분의 고대 이집트인은 좁은 공간에서 가족과 가축들을 가까이에 두고 살았어요. 아마 이러한 환경들이 초기 전염병의 불씨가 됐겠지요. 이집트 상인들이 인근 국가로 여행을 떠날 때면 전염병들이 상인들에게 무임승차를 하고 같이 길을 떠날 수 있었어요. 그렇게 전염병이 중동 전역으로 퍼졌지요. 역사학자들은 초기 전염병이 심각했을 것으로 추정합니다. 당시 사람들은 전염병에 대한 내성이 전혀 없었고, 환자들을 어떻게 도와야 하는지도 잘 몰랐으며, 전염되는 병을 어떻게 잡아야 할지에 대한 지식도 거의 없었으니까요.

중동 지역의 옛날이야기들 속에는 분노한 신들이 사람과 가축에게 전염병을 내리는 내용이 등장해요. 그런데 이 장황한 이야기 속에는 정작 오늘날 우리가 진단을 내리기 위해 필요한 세부 사항들은 빠뜨려져 있기 일쑤였지요. 하지만 이러한 허점이 숭숭 뚫린 이야기들도 초창기의 무시무시했던 전염병들을 기록하고 설명하려던 인류의 시도로 볼 수 있습니다.

종기 재앙

성경 속 모세 이야기에는 유대인 신 여호와'야훼'라고도 부르죠가 이집트를 파괴하려고 보낸 열 가지 재앙이 등장합니다. 일부 역사학자들은 열 가지 재앙이 기원전 1500년경에 벌어진 실제 상황을 바탕으로 나온 이야기라고 믿고 있어요.

출애굽기구약성서의 한 책에 따르면 모세는 이집트에 사는 유대인 부모 밑에서 태어났다고 해요. 당시 이집트에서는 유대인들을 노예로 부렸어요. 청년이 된 모세는 유대인 동료가 이집트인에게 구타당하는 모습을 보자, 싸움을 벌여 이집트인을 그만 죽이고 말았어요. 모세는 사형을 피하기 위해 나라 밖으로 탈출했지요. 모세는 40년간 망명 상태로 지내며 양치기 일을 했어요. 그러자 여호와가 모세 앞에 나타났답니다. 여호와는 모세에게 이집트로 돌아가 유대인 민족을 노예 신분으로부터 해방시키라고 명했어요. 모세는 이집트로 돌아갔습니다. 당시 이집트의 지도자는 파라오였어요. 모세는 파라오에게 모든 유대인이 새로운 땅으로 이주하여 자신들만의 방식으로 유대인의 신을 모시는 것을 허락해달라고 요청했지요. 파라오는 유대인의 신에 대해 들어본 적도 없다면서 거절했습니다. 그러자 여호와는 파라오에게 벌을 내리면서 자신의 전능함을 보여주기로 했지요. 그래서 이집트에 열 가지 재앙이 내려졌습니다. 나일 강물을 핏물로 바꾸는 것, 개구리로 온 땅을 뒤덮는 것, 농작물에 메뚜기 떼를 풀어놓는 것, 우박으로 땅을 채찍질하는 것 등이었지요. 이 재앙은 질병을 바탕으로 하는 재앙은 아니었어요.

하지만 여섯 번째 재앙이었던 종기 재앙은 질병으로 추정됩니다. 유대인의 신은 모세와 그의 형에게 각각 가마에 있는 그을음을 한 줌씩 집으라고 했어요. 그러고 나서 파라오가 있는 자리에서 그 그을음을 하늘로 던지라고 지시했지요. 그을음은 고운 먼지가 되어 나라 전체에 퍼졌어요. 얼마 뒤, 고통스러운 종기들이 사람과 가축의 피부에 돋아났습니다. 역사학자들은 이런 피부 종기 및 상처들을 일으켰을 법한 각종 고대 전염병들을 고려해봤어요. 그리고 당시에 만연했을 전염병으로 탄저병, 흑사병, 천연두를 꼽았습니다.

탄저병은 소, 양 그리고 인간에게 전염되는 질병이에요. 사람들은 살아 있거나 죽어 있는 감염 동물과 접촉했을 때, 박테리아의 포자를 흡입했을 때, 또는 감염된 고기를 먹었을 때 탄저병에 걸립니다. 사람이 접촉을 통해 탄저병에 걸리면 접촉한 부위마다 가려운 두드러기가 올라와요. 나중에는 그 두드러기가 고통스러운 종기로 발전하지요. 감염은 그 후 몸 전체로 퍼집니다. 때때로 심해져 죽음으로 이어지기도 하지요. 사람들이 탄저균 포자를 흡입하는 경우에도 십중팔구 죽어요. 사람들이 가축과 함께 사는 경우 탄저병은 살인 병기가 될 수 있어요.

흑사병, 즉 림프절 페스트는 사람들이 페스트에 감염된 벼룩에게 물릴 때 전염되는 병이에요. 감염된 벼룩은 설치류, 대개 쥐에서 발견되지요. 증상에는 림프절 종창이 있어요. 림프절 종창은 종기같이 생긴 뚜렷한 혹 병변이 사타구니와 겨드랑이에 생기는 병이에요. 기원전 1534년 이집트에서 수기된 기록은 혹이 나는 질병에 대해 묘사하고 있어요. 그 묘사 내용이 림프절 종창과 흡사하지요. 림프절 페스트 박테리아를 보균하는 화석화된 벼룩들이 이집트 노동자촌인 아마르나에서 발견되기도 했답니다. 이 벼룩 화석의 연대는 기원전 1350년경으로 추정되고요.

천연두는 인간의 신체에서 발생하는 질병이지만 소에서 기원했을 것이라고 추정되고 있어요. 이 병에 걸린 사람은 열이 급속도로 오르고 종기와 별반 다르지 않은 크고 붉은 농포가 피부에 피어나지요. 그 뒤 천연두 환자들은 합병증을 얻어 사망에 이르러요. 고고학자들은 고대 이집트 미라 3구에서 천연두 자국을 발견했어요. 기원전 1145년경, 최소한 파라오 한 명, 그러니까 람세스 5세는 천연두로 인해 사망했다고 이야기합니다.

모세 때의 파라오는 종기 재앙이 발생한 이후에도 유대인들에게 자유를 주지 않았어요. 마지막 재앙을 내리기 전, 여호와는 모든 유대인에게 대문 앞을 양의 피로 표시하라고 지시했어요. 그러고 자정이 되자, 유대인의 신은 대문에 양의 피 표식이 없는 모든 이집트 가족의 장자에게 죽음을 내렸지요. 심지어 가축의 첫 수컷 새끼도 죽었답니다. 이 재앙으로 파라오는 너무나 큰 충격을 받았어요. 그날 밤, 파라오는 모세에게 유대인 민족을 이끌고 이집트 밖으로 떠나라고 명령했습니다. 더 나아가 파라오는 모세가 필요한 것이면 무엇이든 간에 다 챙겨가라고 했지요. 그 이래로 매년 봄에 유대인들은 유월절을 기념해요. 유월절은 옛 유대인 가족들이 죽음을 피했던 날이자 모세가 유대인을 자유로 안내했던 날이랍니다.

히타이트 역병

기원전 1320년경, 히타이트족은 무르실리 2세를 왕좌에 올렸어요. 히타이트 제국은 오늘날 터키로 알려진 곳에 건국됐지요. 이집트를 제외한다면 히타이트는 중동 지역에서 가장 강력한 제국이었답니다. 히타이트족은 숙련된 전사들이었어요. 말이 이끄는 전차 위에서 번개같이 공격하는 히타이트족은 다른 민족에게 경계 대상일 수밖에 없었어요.

무르실리 2세의 아버지인 수필룰리우마 왕은 왕좌의 정통 계승자였던 자신의 형을 죽였습니다. 그 뒤 수필룰리우마 왕은 수많은 전쟁을 벌이고 여러 민족을 정복하여 남쪽과 동쪽으로 왕국의 영토를 넓혀나갔어요. 그 과정에서 이집트와 맺었던 중요한 조약도 깼지요. 그런데 정복 전쟁 중에 잡힌 이집트 포로들이 히타이트 땅에 역병을 몰고 왔어요. 역병은 북쪽으로 퍼져나가 20년간 활개를 쳤습니다. 수필룰리우마 왕과 그의 아들도 이 역병에 걸려 죽었지요. 무르실리 2세는 수필룰리우마 왕이 정당한 왕위 계승자를 죽이고 조약을 깨뜨린 죄를 지어 신들을 노하게 만들었다고 믿었어요. 히타이트 수도의 폐허에서 발견된 무르실리 왕의 기도는 다음과 같이 간청하고 있지요. "제가 저의 아버지의 죄를 고해하였나니, 히타이트 폭풍의 신이시여, 저의 영혼이…… 다시 평화를 찾기를 바라나이다! 저를 불쌍히 여기시어 히타이트 땅으로부터 역병을 몰아내주시옵소서!"

이 역병은 무엇이었을까요? 이집트 간첩들이 쓴 편지에서는 이 역병을 전염성이 강하고, 인간과 동물에게 발열과 신체장애, 죽음을 유발한다고 묘사하고 있어요. 이 역병 때문에 당나귀 마차가 금지됐다고도 적어놓았지요. 그러나 이 외에 역병에 대해 전해오는 자료는 전무합니다. 오늘날 우리가 진단을 내리기에는 너무나 적은 정보량이지요. 하지만 가장 가능성 있는 질병으로는 탄저병, 흑사병 그리고 천연두가 있어요. 모세 이야기에서 보았듯, 당시 옆 나라였던 이집트에서도 치명적인 병으로 알려져 있던 병들이지요. 또 다른 유력한 용의자로는 야토병이 있어요. 야토병은 이미 감염된 토끼나 양, 당나귀를 물었던 진드기가 인간을 물어서 전염되는 질환이지요.

히타이트에서 역병이 끝나갈 때쯤, 또 다른 종족이 질병으로 쇠약해진 히타이트족을 정복하려고 쳐들어왔어요. 하지만 도리어 그 종족도 역병에 정복당하고 말았지요. 몇몇 역사학자들은 히타이트족이 생물 테러의 초기 형태를 시도했던 것이 아닌가 하는 의구심을 품고 있습니다. 병에 감염된 양들을 일부러 히타이트족이 적군 진지 앞에 배치한 것은 가축에 의해 역병이 전염된다는 것을 깨달아 배치한 게 아닐까 하구요.

아테네 역병

1999년, 전염병 전문가들이 메릴랜드 주립대학에 모여서 머리를 맞댔습니다. 기원전 430년에서 기원전 426년 사이에 발생한 아테네 역병의 원인을 밝히기 위해서였지요. 의사들은 고대 그리스 역사학자 투키디데스가 역병의 증상을 정리해놓은 자료를 분석했어요. 이 기록은 투키디데스가 질병에 직접 걸리고 살아난 뒤 앓는 느낌이 어땠는지 적어 놓은 것이에요. 명확한 사고력과 관찰력을 가졌던 투키디데스는 '근대적' 의미에서 최초의 역사학자로 알려졌답니다최초의 역사학자는 20년 먼저 태어난 헤로도토스이지만요. 그러나 2,429년이나 된 투키디데스의 값진 기록이 있었지만 메릴랜드 학회에서는 정확한 병명을 가리지 못했습니다.

아테네 역병은 고대 그리스의 펠로폰네소스 전쟁 중에 터졌어요. 펠로폰네소스 전쟁은 아테네와 스파르타 사이에서 벌어진 전쟁입니다. 그 시대 사람들은 아테네가 무적의 해군을, 스파르타가 불굴의 육군을 보유하고 있다고 생각했지요.

아테네는 민주국가를 가장 먼저 수립한 나라로 알려졌어요. 반면 스파르타는 군대의 명예를 바탕으로 세워진 왕국이었고요. 민주국가로 알려졌지만 아테네 사람들은 자유와 투표권을 오로지 아테네 남성 시민들에게만 부여했어요. 그 외에는 어느 누구도 투표권을 인정받지 못했지요. 다른 그리스인들은 이런 아테네인들의 태도가 달갑지 않았어요. 그래서 여러 도시국가들이 아테네의 부와 힘을 제압하기 위해 스파르타와 손을 잡았답니다. 스파르타는 대담한 지상 공격 전략을 통해 재빠르게 국경으로 나아갔어요. 당시 아테네의 수장은 페리클레스였지요. 페리클레스는 도시 성벽 밖에서 살고 있던 모든 시민을 도시 안으로 피란시켰어요. 무더운 여름날, 수천 명의 사람이 임시로 세운 천막 속 작은 공간에 바글바글 붙어 지내야 했어요. 그리고 역병이 시작되었습니다. 아테네인들은 이 역병이 이집트를 경유한 에티오피아 선박들을 통해 들어왔다고 추측했어요.

건강했던 사람들이 갑자기 아프기 시작했습니다. 환자들 중에는 투키디데스도 있었지요. 처음에는 두통이 있다가 곧이어 눈과 목구멍, 혀가 화끈거리는 증상들이 나타났어요. 주변 사람들은 환자들의 고약한 입 냄새 때문에 아주 고역이었어요. 곧 환자들은 재채기를 시작했고 목이 쉬었으며, 잇따라 걸걸한 기침 증상을 보였어요. 그 뒤에는 곤욕스러운 구토와 헛구역질이 발생했고요. 환자들을 직접 접촉해보면 열이 나지 않았지만, 피부 발진이 생기고, 속에 열이 너무 많아 옷을 찢어 벗기도 했어요. 어떤 환자들은 발가벗은 채로 밖으로 나가 뛰어들 찬물을 찾기까지 했지요.

채워지지 않는 갈증 때문에 환자들은 마실 거리를 달라고 계속 애원했어요. 이 병은 몸속을 따라 대장까지 내려갔고, 수많은 환자가 7일 또는 8일 후 폭풍 설사로 사망했습니다. 회복한 환자들에게도 이 병은 거친 흔적을 남겼습니다. 어떤 이들은 시력, 손가락, 발가락을 잃었어요. 심지어 기억까지도 잃어 버려서 본인이나 지인들을 알아보지 못하는 사람들도 생겼고요. 투키디데스는 환자의 가족과 간병인 역시 전염된다는 사실을 깨달았습니다. 수많은 환자가 홀로 죽게끔 자택이나 길거리에 버려졌어요. 스파르타인들도 아테네를 공격하지 못했어요. 오로지 성벽 밖에서 두려움에 떨며 장례식 장작더미로부터 피어오르는 검은 연기를 바라볼 수밖에 없었지요. 역병이 수년간 돌다 말기를 반복하면서 아테네인 중 4분의 1 이상이 목숨을 잃어야 했어요. 사망자 중에는 아테네의 수장인 페리클레스도 있었고요.

1999년 의학학회에 참석한 전문가들은 발진티푸스가 아테네 역병의 원인이었을 가능성이 높다고 결론을 내렸어요. 발진티푸스는 주로 전쟁 시기나 엄청난 자연재앙이 닥쳤을 때 발생하며 7일 정도 지속되지요. 발진티푸스 피해자들은 대략 5명당 1명꼴로 사망해요. 이 질병은 감염된 옷엣니에게 물리면서 퍼지게 됩니다. 옷엣니는 사람들이 옷을 갈아입지 않거나 목욕하지 않았을 때, 겨드랑이나 사타구니의 온기 속에서 번식하는 작은 기생충이에요. 발진티푸스는 갈증 및 기력 저하를 동반한 탈수증을 유발합니다. 심지어 발진티푸스는 경우에 따라 손가락과 발가락이 썩는 합병증까지 동반해요. 다른 증상들로는 고열, 붉은 발진 및 고약한 입 냄새가 있어요. 발진티푸스 환자라고 하더라도 반드시 심한 구토, 설사, 기억 상실 또는 시력 저하를 겪는 것은 아니에요. 그렇더라도 발진티푸스가 아테네 역병의 원인으로 지목될 가능성이 가장 높았지요.

의학학회 이후, 기원전 430년경 것으로 추정되는 거대한 무덤이 아테네에서 발견됐어요. 제대로 흙도 덮지 못한 채 시체들을 마구 채워 넣은 듯한 무덤이었지요. 그 모양새는 당시 사람들이 혼란에 빠져 죽은 자들을 거대한 무덤 속으로 서둘러 던져버렸음을 시사하지요. 시체 치아로부터 얻은 DNA 샘플에서는 아테네인들이 발진티푸스가 아니라 장티푸스로 고생했다는 결과를 얻었어요. 장티푸스는 나쁜 위생 및 청결 상태와 관련 있는 질병이에요. 장티푸스는 감염된 사람의 대변에 접촉된 음식이나 식수를 통해서 퍼지지요. 그 증상들 중에는 고열, 두통, 기침, 설사, 장미발진 및 정신착란이 있어요. 하지만 장티푸스 증상 중에 재채기, 구취, 시력 상실 또는 썩어 들어가는 손가락과 발가락의 증상은 없답니다. 당연하게도 아테네 역병은 사람들이 옹기종기 붙어 있던 전시 상황 속에서 여러 가지 질병이 한꺼번에 활개를 친 결과일 수도 있어요. 아테네 역병은 두 종류, 또는 세 종류의 질병이 섞였던 것일 수도 있지요. 그 정답은 앞으로도 영원히 밝혀지지 않을지도 모르겠네요.

신격화된 통치자의 죽음

건강하던 서른두 살의 남성이 고열과 급성 복통을 보였습니다. 그는 36시간 동안 술을 과하게 마시다가 쓰러졌습니다. 지속적인 발열, 불면 및 기력 저하가 있었음에도 환자는 수일간 식사하고 목욕하며 종교적인 활동을 이어가고 손님들을 맞이할 수 있었습니다. 그러나 7일째 되던 날 환자의 상태가 급격히 악화됐습니다. 그는 열이 훨씬 더 올랐으며 힘이 빠져서 걸을 때도 부축이 필요할 정도였습니다. 9일째 되던 날에는 혼자 앉아 있거나 말하는 것조차 불가능해졌으나 친구들은 알아보는 것 같았습니다. 환자는 병에 걸린 지 11일째가 되자 혼수상태에 빠졌다가 곧 죽었습니다.

마케도니아의 왕이자 그리스, 페르시아, 이집트 및 기타 모든 알려진 세계의 정복자였던 알렉산드로스 대왕은 기원전 323년 6월, 33번째 생일을 맞이하기 직전에 바빌론에서 사망했습니다.

환자의 마지막 날들에 대한 이 가상의 병력 사례는 알렉산드로스 대왕의 질병에 대한 미스터리를 다루고 있어요. 그러나 알렉산드로스 대왕 시절 필경사들이 보고서에 포함한 일부 세부 소견들은 이 내용에 적지 않았습니다. 근대의 병력 사례라면 그런 세부 소견들은 포함하지 않을 것입니다. 그만큼 그 세부 소견들은 현실적으로 있을 법하지 않거든요.

한 필경사는 알렉산드로스가 병으로 쓰러지기 직전 바빌론에 다다랐을 때 까마귀 떼가 머리 위에 나타나 하늘에서 서로 싸우기 시작했다고 주장했어요. 몇몇 까마귀가 알렉산드로스 대왕 발밑에 떨어져 죽었답니다. 다른 필경사들은 알렉산드로스 대왕의 시신이 사후에도 며칠간 부패하지도 않았다고 기록해요. 바람도 잘 들지 않는 무더운 방에 놓여 있었는데도요. 그런데 다소 황당하게 보이는 이러한 기록들이 어쩌면 알렉산드로스 대왕의 사망 원인에 대한 단서들을 갖고 있을지도 모릅니다.

알렉산드로스 대왕이 죽은 지 얼마 지나지 않아 사람들은 알렉산드로스 대왕이 독살됐다고 소곤거리기 시작했어요. 세계의 정복자에게는 적이 많기 마련이니까요. 그러나 오늘날 전문가들은 당시에 알려졌던 독극물로 인해 갑작스러운 통증과 연이어 수일씩 지속된 발열 증상이 유발될 수는 없었을 것이라고 인정해요. 여기에 구토를 했다는 기록은 없어요. 구토는 과음 후에 흔히 나타나는 증상이지요. 그러므로 알코올을 통한 독살이었을 가능성도 희박해요.

알렉산드로스 대왕은 아마도 감염성 질환으로 사망했을 것입니다. 현대에 이르러서야 기록되기 시작한 흑수열이나 장티푸스 또는 웨스트 나일 바이러스와 같은 것이었을지도 모르지요. 흑수열은 말라리아의 치명적인 형태로 간과 혈액뿐만 아니라 뇌까지도 공격해요. 고대 바빌론 동쪽에는 거대한 늪지대가 있었어요. 오늘날로 따지면 바그다드의 남쪽, 유프라테스 강변에 위치한 곳이지요. 이 지역에는 현재 말라리아 모기들이 서식하고 있어요. 아마도 알렉산드로스 대왕 시대에도 마찬가지였을 것입니다. 말라리아는 고열, 악화되는 기력 저하, 운동 능력 상실, 혼미함 및 혼수 상태라는 증상과 들어맞지요. 그런데 흑수열에서만 발견되는 한 가지 특징적인 증상으로 진한 색 소변이 있어요. 하지만 알렉산드로스 대왕의 상태를 묘사하는 그 어떤 기

역병, 고대 사회를 강타한 강력한 한 방

역병(Plague)이라는 단어는 그리스어 Plaga에서 기원합니다. Plaga는 '때리다' 또는 '주먹을 날리다'는 뜻이에요. 아테네에서 창궐한 역병이 무엇이었든 간에 이 역병은 말 그대로 고대 그리스 사람들을 무자비하게 때려 눕혀버렸지요.

록에서도 소변 증상은 언급되지 않았지요.

장티푸스에 동반되는 한 가지 흔하지 않은 합병증으로는 피해자의 발부터 시작해서 머리까지 서서히 도달하는 마비 증상이 있어요. 환자들은 얕은 숨을 쉬면서 혼수상태에 빠지게 돼요. 그러면 환자가 죽었는지 확인하기가 어려워집니다. 왜냐하면 환자가 숨을 쉴 때 심장이 뛰는 것이 잘 보이지 않기 때문이지요. 장티푸스는 알렉산드로스 대왕의 지속적인 발열과 심해지는 쇠약감을 설명할 수 있어요. 그러나 장티푸스는 일반적으로 기침, 발진 및 설사 증상도 함께 보이지요. 기침, 발진 및 설사 증상들은 기록에 등장하지 않습니다. 게다가 장티푸스는 전염병으로 퍼지는데 이 시대에 창궐했다고 보고된 큰 전염병은 딱히 없었습니다. 한편, 알렉산드로스 대왕의 가장 친한 친구였던 헤파이스티온도 비슷한 시기에 알려지지 않은 질병으로 인해 사망했지요.

웨스트 나일 바이러스는 모기로부터 생기는 질환이에요. 감염된 모기들은 이 질병을 새에게 전달해요. 특히 까마귀를 포함한 까마귀과의 새들에게 많이 생기지요. 또한 간혹 감염 모기들이 이 질병을 사람에게 옮기는 경우도 있어요. 이 병에 걸린 사람들은 고열, 쇠약감과 뇌염 증상을 보입니다. 그리고 이러한 증상들은 마비, 혼수상태, 죽음으로까지 이어질 수 있지요. 웨스트 나일 바이러스는 고대에 존재하지 않았던 것으로 알려져 있어요. 사실 이 바이러스는 1937년에 아프리카에서 인체로부터 처음 분리됐습니다. 오늘날 사람들은 사인이 분명하지 않는 조류의 사망들은 일일이 체크하고 있어요. 특히 조류가 까마귀과일 때는 더욱 유심히 살펴보지요. 웨스트 나일 바이러스가 지역 내에서 활성화됐는지 확인하기 위해서요. 고대 예언가들은 새의 행동을 관찰하여 미래를 예측했어요. 알렉산드로스 대왕의 경우에는 필

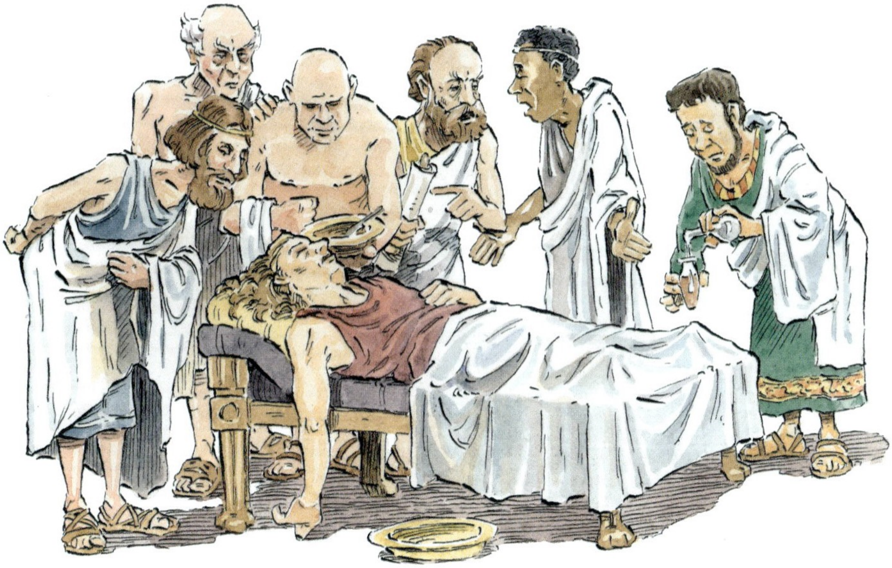

경사들이 핵심을 찔렀을지도 모르겠네요.

알렉산드로스 대왕의 장군들이 왕의 죽음에 대한 충격에서 벗어나자 제국은 금세 분열되었습니다. 장군들은 알렉산드로스 대왕의 시체를 꿀로 방부 처리하고 금관 속에 시신을 옮긴 뒤 마케도니아로 보냈어요. 그 뒤 이집트 지역을 관할하던 장군인 프톨레마이오스가 장례 도중에 시신을 탈취했지요. 프톨레마이오스는 알렉산드로스 대왕의 시체를 나일강 입구에 있는 도시 알렉산드리아에다가 전시했습니다. 자신이 알렉산드로스의 정당한 후계자라는 주장을 펴기 위해서였지요. 그로부터 약 500년 후, 알렉산드리아의 일부가 지진으로 붕괴되면서 알렉산드로스 대왕의 시체는 사라졌습니다. 시체가 없기 때문에 오늘날의 검사법으로는 알렉산드로스 대왕의 사인을 명확하게 밝힐 수 없습니다. 알렉산드로스 대왕 자신도 자신의 병에 대한 나름의 이론을 갖고 있었어요. 죽기 전날, 알렉산드로스 대왕은 분명히 이렇게 말했답니다.

"너무 많은 의사가 각기 다른 진료를 하고 있어 짐은 지금 죽어가고 있노라."

제국과 전염병

로마제국은 고대 세계에서 가장 강력한 제국이었습니다. 그런데 이 제국이 고작 한두 종류의 전염병 때문에 무너졌다면 믿을 수 있을까요? 과거 역사학자들은 로마 붕괴의 주요 요인으로 야만족의 침략, 정치 제도의 부패 혹은 식수 속에 함유되었던 납을 들었어요. 이제는 역사학자들이 거기에 전염병이라는 원인을 하나 더 추가한답니다. 지금으로부터 2,000년 전, 전성기를 맞이한 로마제국은 지중해의 연안 지역 대부분을 장악하고 있었습니다. 지금 지명으로 보면 포르투갈, 스페인, 북아프리카, 터키 전체를 포함한 중동 지역, 중유럽 지역, 프랑스, 영국의 일부까지 모두 로마제국의 땅이었어요. 하지만 그로부터 1,000년이 채 지나지 않아 양과 염소 들이 로마제국의 폐허에서 한가로이 풀을 뜯어 먹게 되었지요. 로마제국은 두 가지 국면을 거치며 몰락했어요. 그 두 가지 국면 모두 전염병과 관련이 있었고요.

안토니우스 역병

서기 165년, 중유럽의 다뉴브 강 북쪽 및 시리아 동쪽 그리고 터키 지역에 살던 사람들은 끊임없이 로마제국의 국경을 넘봤어요. 로마는 상상을 초월하는 부를 보유했을 뿐만 아니라 고대 세계를 쥐고 흔들 정도의 막강한 영향력도 행사했으니까요. 로마의 군대는 이러한 '야만인'들로부터 제국의 경계를 지켜내고자 굳건히 버텼지요.

그해, 오늘날의 이라크인 셀레우키아에서 대규모 군사 작전을 벌이던 병사들 사이에 돌림병이 돌았습니다. 이들은 이 역병을 고향인 로마까지 갖고 들어갔지요. 로마 사람들은 이렇게까지 심각한 전염병을 겪어본 적이 없었어요. 역병은 15년간 지속되었고, 최고조로 돌 때는 매일 2,000명씩이나 죽어나갔지요. 시신들이 거리에 쌓였습니다. 전염병은 북쪽과 서쪽으로 퍼져 나가 다뉴브 강과 라인 강을 따라 배치됐던 군단들은 거의 전멸되다시피 했어요. 총 500만 명 정도가 역병으로 사망했습니다. 감염된 사람 4명당 1명꼴이었지요.

흔히 페르가몬의 갈레노스라고도 알려져 있는 에일리우스 갈레노스의학의 황제라 칭하는 인물. 해부학과 생리학, 진단법, 치료법에 이르기까지 의학의 모든 분야에 걸쳐 1000년 이상 오랫동안 큰 영향을 끼친 의사는 그리스의 의사이자 작가였습니다. 갈레노스는 역병이 처음 터졌을 때 로마에서 의사로 활동하고 있었지만 역병에 걸리지 않았지요. 갈레노스는 역병 발생 9일째에 나타나는 증상들로 발열, 설사, 목구멍이 붓는 증세, 발진이 생긴다고 보고했어요. 발진들이 때로는 건선형이거나 농포성이었다고 묘사했고요. 갈레노스가 남긴 기록들이 충분하진 않았지만, 이 기록만으로도 역사학자들이 당시의 역병을 천연두라고 짐작할 수 있기엔 충분했어요. 로마 황제 마르쿠스 아우렐리우스 안토니우스는 역병이 거짓말, 악행 또는 이해력 부족보다 덜 치명적이라고 기록했답니다. 하지만 아우렐리우스는 서기 180년에 역병으로 인해 죽기 전 마지막 날을 보내며 다음과 같이 말했어요. "나를 위해 울지 마라. 차라리 전염병과 그 외의 수많은 죽음에 대해 고민하라." 이 역병을 사람들은 황제의 이름을 따서 안토니우스 역병이라고 불렀지요. 물론 오늘날 학자들은 안토니우스 역병이 천연두의 일종이라고 확신합니다.

역병은 서기 251년에 다시 고개를 들었고 20년간 휘몰아쳤어요. 이번에는 하루에 5,000명까지 죽었답니다. 또 다른 로마 황제 클라우디우스도 이 전염병으로 목숨을 잃었어요. 한 역사학자는 이 두 번째 역병이 유럽에 홍역이 처음 등장했던 상황을 시사하는 것이 아닐까 하고 추측합니다. 그러나 대다수의 역사학자는 두 번째 역병도 천연두의 재발이었다고 생각하고 있지요.

안토니우스 역병은 로마와 고대 사회를 뼛속까지 뒤흔들었어요. 로마제국은 두 번째 역병이 휩쓸고 간 뒤 다시 일어서지 못했지요. 서기 285년, 로마제국은 동서로 나뉘었습니다. 로마는 서쪽 로마제국의 수도가 되고 콘스탄티노플은 동쪽 로마제국의 수도가 되었지요. 그 뒤 200년 동안 이민족들이 계속 로마를 압박하며 침략해 왔어요. 그러다가 서기 406년에는 한 무리가 로마를 장악하는 데 성공했습니다. 서기 476년에는 다른 무리가 로마를 완전히 정복했어요. 당연하게도 도덕적 붕괴와 부패는 로마의 대담함과 용기를 좀먹었지요. 그러나 안토니우스 역병은 로마제국이 무너질 수밖에 없을 때까지 로마 사람들의 영혼과 기운까지 쏙 뽑아버렸답니다.

유스티니아누스 역병

서기 542년, 오늘날 이스탄불인 콘스탄티노플의 황제 유스티니아누스는 서방 제국을 다시 흡수하기 위해 준비했어요. 그의 군대는 이미 이탈리아 반도를 정복하여 북쪽의 고트족으로부터 로마를 탈환한 상태였지요. 그리고 역병이 터졌습니다.

시민들은 역병이 이집트를 거쳐 에티오피아로부터 건너왔다고 믿었어요. 많은 사람이 머리 없는 이방인을 꿈속에서 또는 환영으로 보게 되면 역병이 집으로 찾아온다고 믿었지요. 유스티니아누스 황제는 이 역병에 걸렸지만 살아남았습니다. 그리고 황제는 역병이 침입하지 못하도록 도시의 대문을 닫아놓으라고 명령했어요. 많은 시민이 겁에 질려 이방인들을 문전박대했습니다. 심지어 가족과 친구들조차 집으로 들이지 않았지요.

대부분의 환자는 격렬한 통증을 겪었어요. 그리고 아프기 시작한 지 일주일 이내에 사망했지요. 역병이 콘스탄티노플에서 최고조에 달했을 때는 매일 최소한 10,000명이 되는 사람들이 죽어나갔습니다. 황제는 모든 희생자를 땅 속에 묻도록 지시했어요. 그러다가 도시 안팎이 묘지로 차버리자, 이번에는 시체들을 도시 성벽의 탑 안에 쌓아 놓고 성벽을 밀폐했습니다. 나중에는 시체들을 배 위에 실어 바다의 물살에 띄워 보냈지요. 처음에는 도시의 문지기들이 시체 수를 일일이 세어 확인했습니다. 하지만 그 수가 23만 구에 이르자 문지기들은 시체 세기를 포기해버렸어요.

역병은 지중해 주위를 돌고 유럽 전역으로 퍼졌다가 되돌아오기를 약 200년 동안 반복했어요. 현대의 의사들은 이때의 전염병으로 인해 총 인구의 3분의 1이 죽었다고 추측합니다. 생존자들은 역병이 전염성이 있다는 것은 알고 있었어요. 그러나 환자의 간병인에게 이 병이 무조건 전염되지는 않았지요. 이러한 이유로 생존자들은 이 역병이 사람에서 사람으로 직접 전염되지는 않을 것이라고 생각했지요. 오늘날 역사학자들은 이 역병이 림프절 페스트, 즉 흑사병이였을 것이라고 주장합니다. 곡식 가게, 가정집 및 골목길에는 우글거리는 쥐들이 있고 쥐에는 감염된 벼룩들이 기생하지요. 그런 감염된 벼룩에게 물리면서 전염되는 병이 바로 림프절 페스트예요. 그렇다면 림프절 페스트는 어디에서 처음 시작되었을까요? 나일강의 시작점, 히말라야 산맥의 산기슭, 어쩌면 우크라이나 동쪽에 있는 러시아의 초원에 살고 있던 설치류 집단으로부터 발생했을지도 모르지요.

유스티니아누스 역병은 역사에 한 획을 그었습니다. 유럽에 고대 전통 세계가 사라지고 암흑기가 도래했어요. 도시들이 파괴되고, 무역은 중단되었으며, 사람들은 다시 시골로 돌아갔어요. 콘스탄티노플에서 로마제국을 통일시키려던 유스티니아누스의 꿈도 실패로 끝났습니다. 롬바르드족이라고 불리는 북부 지역민들이 이탈리아 반도의 대부분 지역에 침입하여 정착했어요. 페르시아 군단 그리고 그 뒤에는

이슬람 군단이 동쪽 제국을 정복했지요. 림프절 페스트 역병은 휴면기에 들어섰습니다. 그러나 이 휴면기는 600년 동안만 지속되었지요.

히포크라테스와 갈레노스, 미아스마와 체액 대 초자연성

당신이 친구들을 만나러 나가려는데 어머니께서 주의를 주시는군요. "잊지 말고 모자를 챙겨가라. 몸살 걸릴라." 로마제국이었다면 당신의 어머니께서 다음과 같이 말씀하셨을지도 모릅니다. "아이야, 별과 계시들은 확인했느냐? 조짐이 좋지 않으면 나가지 말거라." 그리고 고대 그리스에서는 어머니께서 이렇게 물으셨겠지요. "오늘 신들께 공물을 드렸느냐? 신들을 분노케 하여 우리 모두를 아프게 만들지 말거라."

당신도 미생물들이 몸살을 일으킨다는 것쯤은 알고 있어요. 그런데도 당신은 때때로 혹시나 하는 마음에 하는 행동들이 있을 거예요. 가끔은 모자를 주머니 속에 챙겨 넣거나, 기도를 하거나, 손가락으로 십자가를 만드는 것처럼 말이죠.

히포크라테스와 그리스인들

히포크라테스는 질병이 초자연적인 힘에 의해 발생한다는 고대 믿음을 최초로 의심한 사람입니다. 기원전 460년경, 그리스의 코스 섬에서 태어난 히포크라테스는 그의 지지자들과 함께 자연을 연구하면 사람의 건강을 이해할 수 있다고 주장했어요. 그는 이런 말도 남겼지요. "의사는 환자의 환경을 이성적으로 관찰하여 환자가 회복하도록 돕는다."

히포크라테스는 건강이 몸속 네 가지 체액의 균형으로 이루어진다는 가설을 세웠어요. 네 가지 체액은 혈액, 황담즙, 흑담즙, 점액이었지요. 한 가지 체액의 과다는 균형을 깨뜨려 질병을 유발합니다. 예를 들어 너무 많은 점액 또는 가래로 인해 겨울날 감기에 걸릴 수 있어요. 또는 너무 많은 황담즙 때문에 여름날 설사병에 시달릴 수 있고요. 흑담즙은 정신이상과 연관 지었습니다. 우울증이나 광증처럼요. 혈액은 뜨거운 생명의 힘이었어요. 그러므로 열병을 가라앉힐 때는 식단에서 붉은 살코기를 제외시키거나 심지어 환자를 굶기는 일을 권장했습니다.

히포크라테스는 늪지대 근처에 사는 사람들이 말라리아에 잘 걸린다는 것을 깨달았습니다. 그래서 말라리아가 늪지대 물에서 방출되는 나쁜 공기 때문에 발생할 것이라고 추론했어요. 히포크라테스는 고여 있는 물, 썩어가는 살, 쓰레기에서 올라오는 독한 공기를 '미아스마'라고 일컬었답니다. 히포크라테스의 가설들이 모두 옳은 것은 아니었어요. 그러나 히포크라테스는 의사들에게 환자를 우선시하고, 환자가 안정을 취하도록 도와주며, 관찰한 증상에 대해 신중하게 대응하도록 당부했지요. 이 모든 사항은 오늘날 의학의 초석이랍니다.

수많은 고대 그리스인은 역병이 분노한 신들로부터 내려진 벌이라는 낡은 신념을 버리지 못했어요. 어쨌거나 아테네 성벽 밖에 진을 친 대부분의 스파르타인은 살아남았으니까요. 심지어 알렉산드로스 대왕조차도 그의 마지막 날들 중 며칠은 신들에게 조공을 바치며 보낸 것으로 알려졌어요. 알렉산드로스 대왕은 고등교육을 받았으며 어쩌면 히포크라테스의 가르침도 읽었을 텐데 말이지요. 이렇게 신들에게 조공을 바쳤던 행위는 알렉산드로스 대왕이 종교적 의무감에서 행했던 것일까요? 아니면 혹시나 하는 불안한 마음에 한 행동이었을까요? 어쩌면 둘 다였을지도 모르겠네요.

갈레노스와 로마제국

페르가몬의 갈레노스는 서기 129년에 오늘날 터키인 동로마제국에서 태어났어요. 갈레노스는 히포크라테스보다 500년 뒤의 사람이지만 히포크라테스의 여러 가설을 지지했답니다. 그중에는 '체액'과 '미아스마' 이론도 포함됐지요. 거침없는 수술 의사였던 갈레노스는 터키에서 검투사들의 전담 의사를 뽑는 시합에 나가 승리했지요. 갈레노스는 살아 있는 원숭이의 창자를 잘라낸 뒤 시합에 나온 경쟁자들에게 원숭이를 살려내라고 도전장을 던졌어요. 그리고 아무도 그 도전을 받아들일 엄두를 못 내자 직접 원숭이 창자를 꿰매서 이어줬지요.

이 시대에는 사람의 몸속을 관찰하는 것이 금지됐어요. 그래도 갈레노스는 상처

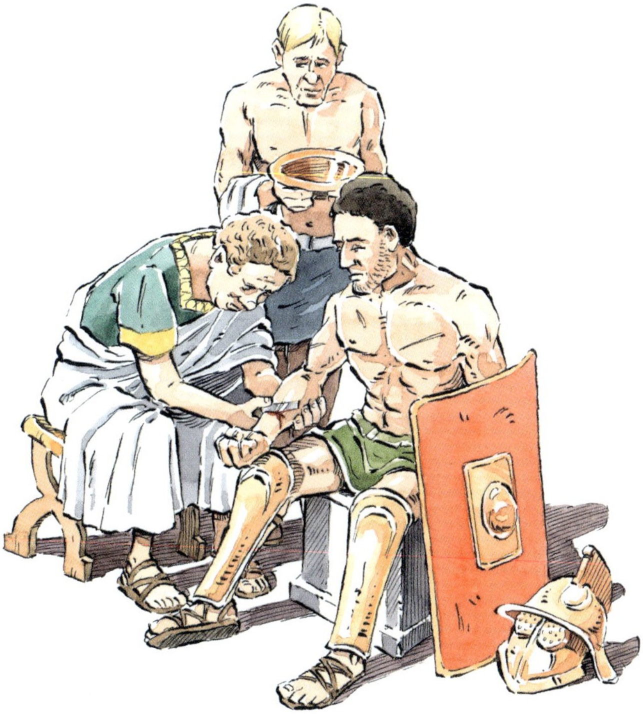

입은 검투사들을 수술했기 때문에 인체의 내부를 조금 관찰할 기회가 있었지요. 그 뒤 갈레노스는 로마의 공공장소에서 관중을 감탄시키고 새로운 환자들을 모으기 위해 동물들을 부검했어요. 갈레노스가 가장 자주 하던 쇼는 꽥꽥 소리 지르는 돼지 새끼의 목에 있는 신경을 하나씩 차례차례 끊어버리는 것이었답니다. 후두로 연결되는 신경이 잘려 불쌍한 돼지 새끼가 더는 소리 지르지 못할 때까지 말이지요.

갈레노스는 히포크라테스의 체액론을 토대로 더욱 자세하게 연구했습니다. 갈레노스는 열을 내리기 위해 피를 철철 흘리라는 처방을 내렸어요. 질환에 따라서는 환자가 기절할 때까지 피를 뽑기도 했지요. 발의 부종과 같은 증상의 치료 방법으로 갈레노스가 권한 것은 약초로 유도한 설사였어요. 그리고 비만 치료는 태풍을 만난 봄 바다에서 배를 탄 후 구토를 하도록 처방했지요. 피를 흘리게 하거나 구토를 시키는 갈레노스의 의료 시술들은 오늘날 우리에게는 미친 짓같이 보이지만, 그 뒤로도 1,800년 동안이나 꾸준히 시행됐어요. 이러한 의료 시술들은 별점 및 점성술에 따라 별과 동물들의 세계에서 보이는 계시와 징후들을 관찰하던 오랜 관습을 대체했습니다.

안토니우스 역병이 시작되었을 때 갈레노스도 로마에 있었어요. 갈레노스는 역병의 증상들을 기록하고 나서 바로 로마를 떠났지요. 4년 뒤인 서기 169년, 마르쿠스 아우렐리우스 황제와 루시우스 베루스 황제가 갈레노스를 어의로 임명하자, 그는 로마로 돌아왔어요. 두 황제 모두 역병 때문에 사망했지만 갈레노스는 마르쿠스의 아들이자 왕위 계승자인 코모두스 황제의 개인 주치의로서 로마에 남았습니다. 역병이 최고조에 달하던 시기에 갈레노스가 로마를 떠나자 그의 적들은 갈레노스가 역병으로부터 도망친다고 비난했어요. 갈레노스는 체액의 균형을 맞추는 시술들이 그 자신을 포함한 사람들을 역병으로부터 지켜줄 것이라고 진정 믿고 있었을까요? 아니면 갈레노스도 혹시나 하는 마음에 피신했던 것일까요?

히포크라테스와 갈레노스의 치료법 중 많은 것이 고대 세계의 붕괴 이후에도 이어졌답니다. 피를 흘리게 하거나, 억지로 구토하게 만드는 등 일부 시술들은 19세기까지도 최선의 치료법으로 여겨졌어요. 그래도 환자를 우선시하고, 환자의 과거 병력을 상세하게 기록하며, 환자에게 해가 되지 않게 하는 것은 오늘날에도 치료의 기준이 됩니다. 만약 당신이 맑고 상쾌한 공기와 균형 잡힌 생활 습관이 더욱 오래 당신을 건강하게 해줄 것이라고 믿고 있다면 당신도 히포크라테스나 갈레노스 같은 고대 의사들의 가르침을 따르고 있는 것이에요.

어머니께서 몸살에 걸리지 않게 조심하라고 말씀하실 때 당신은 그 모자를 머리에 쓸 것인가요? 만약 정말 무서운 벌레가 돌아다닌다면, 당신은 소원을 속삭이거나 짧은 기도를 할 것인가요? 옛날이야기들과 가설들은 모두 우리 역사의 일부입니다. 옛 지혜에는 안심을 시켜주는 무언가가 있어요. 그러니 일반적으로 지켜 손해 볼 일은 없지요.

03

중세시대

(서기 600~1500년): 죄와 고통

나병: 죄에 대한 대가

당신은 800년 전으로 돌아갔어요. 이탈리아 중심부, 언덕 위 마을 밖으로 난 도로 위에 당신은 서 있습니다. 도로는 먼지투성이에 바퀴 자국이 난무해요. 아래를 내려다보니, 도로가 급하게 꺾어질 때마다 한 번씩 멈추며 서서히 언덕 위로 올라오는 나그네들이 보여요. 어떤 사람들은 야채와 닭장을 실은 수레를 끌고 있네요. 몇몇 사람은 지팡이로 꽥꽥거리는 검은 돼지 떼를 이끌며 오르고 있어요. 대부분 사람은 짐 보따리 하나만 들고 지팡이를 짚으며 바삐 올라옵니다. 이른 아침 햇살이 당신의 얼굴을 따뜻하게 해줍니다. 느낌이 참 좋아요. 숄을 걸치고 넘실거리는 치마를 입은 여성이 목줄을 맨 염소를 데리고 지나갈 때까지는요. 진한 사향 같은 염소의 냄새가 당신의 코끝을 찌르네요. 누군가가 당신이 서 있는 쪽으로 길을 따라 절뚝거리며 올라오고 있어요. 당신은 그 모습을 지켜봅니다. 다른 사람들은 그 절뚝거리는 사람을 멀찍이 피해 지나가요. 절뚝거리는 사람은 맨발로 다니며, 낡은 천 쪼가리 몇 개로 어깨를 가리고 허리를 둘렀어요. 머리에는 붕대를 감았네요. 절뚝거리는 사람이 다가올수록 귀에 거슬리는 쨍그랑 소리가 점점 커집니다. 이제 당신은 그의 손에 들린 종을 발견해요. 그가 머리를 들자 당신은 그의 앳된 얼굴을 바라봅니다. 두껍고 각질이 일어난 피부가 그의 눈썹과 턱을 따라 튀어나오다 꺼지다 하네요. 팔과 다리의 피부도 거칠어요. 발은 고름이 흐르는 궤양들로 인해 변형됐어요. 그가 당신에게 다가옵니다. 그리고 간절한 눈으로 당신을 바라보며 빈 잔을 내밀어요. 뭉툭한 갈퀴 모양의 손가락이 잔의 가장자리를 두르고 있습니다. 그에게서 먼지와 땀과 젖은 흙냄새가 나요. 어떤 사람이 "불결해!"라고 화난 어조로 낮게 말해요. 그리고 누군가 당신을 그로부터 급히 떨어뜨려요. 잔을 든 사람은 겁을 먹은 듯한 표정으로 몸을 움츠려요. 맞을 것을 예상하면서요.

당신은 무엇을 느끼나요? 걱정되나요? 그가? 당신이? 아니면 당신이 모르는 그 무엇이?

나병은 아주 오래된 질병입니다. 나병 환자들은 예로부터 중국, 인도 및 아프리카에서 외면당했으며, 그다음에는 중동과 유럽에서 그리고 이제는 전 세계에서 소외당하고 있어요. 오늘날에는 나병을 약물로 치료할 수 있어요. 하지만 대부분의 사람은 여전히 나병에 대해 알지 못하며 두려움과 미신에 따라 나병 피해자들을 대놓고 피하지요. 우리는 이제 나병이 박테리아 때문이라는 것을 알아요. 그리고 나병 박테리아는 기침이나 재채기에서 나오는 비말을 통해 대기를 타고 퍼지는 것으로 추측합니다. 나병은 우리 신체 중 체온이 낮은 부위의 근육과 신경들을 공격해요. 피부, 눈, 코, 손과 발 말입니다.

적절한 초기 치료를 받지 않으면 나병은 몸에 보기 싫은 흉터를 남깁니다. 우선 근육이 수축되어 손가락들이 꼬이고 짧아져 갈퀴 모양으로 변해요. 발은 딱딱해지고 구부러지지요. 또 어떨 때는 발이 발목에서부터 힘 빠진 채 늘어져 평범하게 걷는 것이 불가능해져요. 눈꺼풀의 근육도 마비가 되어 환자들은 눈을 깜빡이지 못하고 천천히 시력을 잃지요. 팔다리에 마비 증상도 나타납니다. 이 증상이 나타나면 나병 환자들은 다치고도 통증을 느끼지 못해요. 그러면 나병 환자들은 상처가 나도 인지하지 못하고 치료할 생각도 못 하게 됩니다. 나중에는 상처들이 심각하게 감염되어 절단 수술을 해야만 하는 결과를 초래하지요.

최초로 알려진 나병 사례는 약 4,000년 전에 나타났습니다. 인도에서 발굴된 해골에서 나병의 흔적이 발견됐어요. 역사학자들은 기원전 324년경에 맹렬한 나병 박테리아 계통의 전염병이 알렉산드로스 대왕의 군대와 함께 중동으로 옮겨갔다고

확신합니다. 그 뒤 나병은 로마 군대 그리고 나중에는 십자군의 움직임을 따라 유럽으로 천천히 퍼졌어요. 성서시대와 중세시대 초기에 나병은 피부 변형을 가져오는 다른 질병들과 혼동되기도 했어요. 심지어 심각한 비듬 증세와도 구분이 안 됐지요. 시간이 흘러 서기 1,000년 이후에는 나병이 유럽 전역으로 퍼지는 전염병으로 발전했어요. 사람들은 접촉만으로도 나병에 옮을 수 있을지 모른다는 생각에 두려워했답니다. 어떤 사람들은 신이 개인의 욕망의 죄악에 대한 벌로 나병을 내린 것이라고 믿었어요.

1179년, 천주교회의 한 평의회에서 나병 환자들을 사회로부터 격리해야 한다고 공표했어요. 특별한 미사에서 나병 환자 개개인은 법적으로 사망했다고 선언했지요. 나병 환자들은 결혼할 자격을 박탈당하고 소유물을 모두 빼앗겼어요. 죽고 나서

한센병

1873년, 노르웨이의 게르하르트 아우메우에르 한센이 나병을 유발하는 박테리아를 발견했습니다. 노르웨이요? 당시 노르웨이와 아이슬란드는 유럽에서 유일하게 나병 문제가 불거지는 나라들이었어요. 나병에 대한 관심이 집중되면서 정치적 사안이 됐지요. 정부는 나병을 깊이 연구하기 위해 재원을 아끼지 않고 투자했습니다. 처음에는 다른 의사들이 한센의 발견을 부정했어요. 그 중에는 한센의 장인도 있었습니다. 한센의 장인은 나병을 유전적으로 또는 세습되어 발생하는 질병이라고 믿었답니다. 나병에 대한 치료법을 발견하기까지는 오랜 시간이 걸렸어요. 20세기 초부터 1940년대까지 널리 알려진 치료법에는 대풍수라는 나무의 열매로부터 얻은 기름을 주사하는 것이 있었지요. 오늘날, 의사들은 장기적으로 여러 약물을 사용하는 치료법을 적용하여 나병으로 인해 환자의 신체가 변하거나 타인에게 병을 감염시키는 것을 예방하지요. 연구자들은 여전히 나병 예방접종법 및 나병을 그 초기 단계에서 감지할 수 있는 방법들을 모색하고 있답니다. 나병 환자에 대한 오래된 사회적 낙인을 없애기 위해 노력했던 사람들은 온갖 노력을 거쳐 나병의 의학명을 나병에서 한센병으로 바꾸는 데 성공하였습니다. 그러나 나병이라는 말은 아직도 사용되고 있어요. 사람들은 여전히 나병이라는 단어를 속삭이며 산송장을 상상하지요.

성당 묘지에 묻힐 권리조차 없었지요. 나병 환자들은 반드시 종이나 추를 들고 다녀야 했으며, 눈에 띄는 옷을 입고, 길 위에서 어느 한쪽으로만 다녀야 했어요. 잠도 도시 밖에서 자야 했지요. 동정심 많은 교인들은 나병 환자들이 지구상에서 삶과 죽음 사이에 있는 고통의 공간에서 살아가고 있으며 나병 환자들이 죽으면 곧바로 천국에 간다고 주장했어요. 나병 환자를 돕는 일은 점차 성스러움을 실천하는 길로 여겨졌지요. 수도승과 수녀들은 나병 환자들을 위해 요양원이나 병원을 세웠습니다. 마을 사람들도 결국에는 나병 환자들을 위하는 뜻을 함께했어요. 1255년에 이르러서는 19,000개의 나병 요양원이 설립됐답니다.

1350년경, 나병 역병이 잠잠해졌어요. 처음에 역사학자들은 나병의 쇠퇴를 흑사병의 출현 때문으로 여겼어요. 그러나 오늘날에는 결핵균이 나병을 몰아낸 것으로 보고 있습니다. 결핵균은 나병 유발원과 흡사하세 생긴 박테리아예요. 나병 요양원들은 소외된 사람들을 위한 피신처로 점차 바뀌어나갔어요. 역병 환자들이나 정신이상 환자들, 노숙자들을 위한 곳으로 말이지요.

나병은 오늘날에도 여전히 존재합니다. 정확히는 20분마다 아이 하나가 나병 진단을 받고 있지요. 그러나 나병은 치료할 수 있습니다. 창피해하고 숨어버리는 대신 의학적 도움을 요청할 수만 있다면 말이에요.

흑사병(1348~1351년)

몽골마멋이라는 다람쥐과 동물이 역사적으로 가장 치명적이었던 역병과 무슨 연관성이 있을까요?

중세시대 초기, 중앙아시아 고원 지역의 원주민들은 몽골마멋이라고 불리는 커다

란 설치류를 잡으며 살았습니다. 원주민들은 몽골마멋의 고기를 먹고 털을 팔았지요. 그래도 원주민 사냥꾼들은 땅 위에 죽어 있는 마멋을 발견하면, 이를 내버려둔 채 건강한 마멋 무리를 찾아 나섰어요. 사냥꾼들은 죽은 마멋 옆에서 야영하면 불운해진다고 여겼답니다. 불운해지고 말고요! 마멋 무리는 흔히 '흑사병'이라고도 부르는 림프절 페스트의 매개체가 될 수 있습니다. 오늘날에도 림프절 페스트는 몽골마멋과 마멋을 무는 벼룩들 사이에서 갑작스럽게 번져나갈 수 있어요.

1300년대 초, 장사를 하러 이동하던 중국 상인들이 거의 죽어가고 있는 몽골마멋 무리를 발견했습니다. 중국 상인들은 횡재했다고 생각했어요. 원주민들의 관습을 무시한 채 이들은 마멋의 가죽을 벗겼지요. 마멋의 값비싼 털은 상인들이 다니던 경로를 따라 동방, 남방 그리고 서방으로 팔렸지요. 상인들이 목적지에 도착하여 털 묶음을 열자, 굶고 있던 감염된 벼룩들이 털에서 뛰쳐나와 피 식사를 찾아 나섰어요. 그것도 아주 빠르게요. 피 빨아먹을 마멋이 없다고요? 벼룩의 입장에서는 검은 쥐곰쥐의 피도 그 맛에 있어서 결코 뒤지지 않지요. 당시에는 검은 쥐들이 아시아, 중동, 북미 및 유럽 마을의 배수로, 곡식 저장고, 가정집에 들끓고 있었습니다. 감염된 벼룩 한 마리가 검은쥐의 피부를 딱 한 번 물은 것으로 인해 림프절 페스트가 재발했을 가능성이 있어요. 그 결과 림프절 페스트는 중세시대의 도시 전역으로 퍼져서 수천만 명을 죽음으로 몰아넣었지요. 처음에는 전 세계적으로 퍼진 이 림프절 페스트를 대역병이라고 불렀으나 곧 흑사병으로 더 널리 알려졌어요.

많은 설치류, 그중에서도 특히 쥐들이 흑사병으로 인해 죽습니다. 그러면 설치류에 기생하던 감염된 벼룩이 다음 피 식사를 하러 떠나지요. 그러다가 감염된 벼룩 주변에 물 수 있는 존재가 사람밖에 안 남으면 사람이 흑사병의 희생자가 됩니다.

벼룩에게 사람은 차선책일 뿐이니까요. 게다가 감염된 벼룩은 지치지 않고 희생자를 찾는답니다. 벼룩의 내장 속에 득실거리는 박테리아가 벼룩에게 멈추지 않는 배고픔과 갈증을 느끼게 만드니까요. 벼룩은 배가 부른데도 여전히 허기를 느껴요. 때로는 먹었던 피를 다시 피해자의 몸속으로 토해내고 나서 다시 빨아 마시기도 하지요. 감염된 벼룩들은 돌아다니는 흑사병 주사기나 다름없답니다!

흑사병 환자는 처음에 갑작스러운 발열, 두통 등의 통증 및 팔다리가 욱신거리는 등의 몸살과 비슷한 증상들을 겪습니다. 그 뒤에는 '부보'가 사타구니에 나타납니다. 때로는 부보가 겨드랑이 밑, 허벅지, 목 부위에 나타나기도 해요. 부보란 하루 이틀 안으로 아프게 부어오르는 증상을 말합니다. 각각의 부보는 처음에 불그스름하고 반들반들하지만 항상 아프고 화끈거리지요. 그러다 나중에는 부보가 계란만 하게, 심지어는 사과만 하게 커지지요. 그 뒤 부보 둘레의 가장자리 피부의 색이 어둡게 변합니다. 마지막에는 부보의 색도 까맣게 변하지요. 부보가 터지면서 피나 농을 배출할 수도 있어요. 이후의 증상들은 검은 수포 다발, 피로감, 섬망증을 포함합니다. 피부 밑으로 피가 고여서 검은 얼룩들이 몸을 뒤덮어요. 드물지만 소변, 구토 그리고 설사가 모두 검게 변하고 썩은 내가 나는 경우도 있지요.

아시아에서 유럽까지

1346년, 몽골 전사들이 카파라는 마을을 공격하고 포위했습니다. 카파 마을은 오늘날 흑해의 북쪽 해변에 있는 우크라이나의 페오도시아이지요. 이탈리아 제노바에서 온 총독과 무역상들은 도시 성벽 안에서 쭈그리고 앉아 포위망이 풀리기를 기다렸어요. 그러나 밖에서 공격하던 몽골 전사들이 흑사병으로 죽어가기 시작했습니다. 몽골 전사들의 수가 급격하게 줄어들자, 이들은 필사적인 마음으로 시체들을 성벽 안으로 던져버렸어요. 제노바인들도 같은 질병에 걸려서 마지막엔 항복하기를 바란 것이지요. 그러나 흑사병은 몽골 전사들을 먼저 짓밟았습니다. 그래서 전사들은 물러나야 했지요. 그 뒤 겁에 질린 제노바 무역상들은 그들의 선박을 향해 달려갔습니다. 그리고 서둘러서 이탈리아로 항해를 떠났지요. 하지만 그들의 배 안에는 검은 쥐들이 우글거리고 있었습니다. 제노바로 되돌아가는 길은 죽음으로 얼룩졌어요. 바로 사람과 쥐들의 죽음으로요.

토스카나, 이탈리아

제노바 무역상의 선박들이 이탈리아 항구에 도착하자 흑사병은 쥐들이 들끓는 항구 도시에서 폭발적으로 번졌어요. 그리고 곧 내륙으로도 퍼졌습니다. 토스카나의 부유한 무역 도시인 피렌체도 흑사병으로 매우 심각한 피해를 입은 곳 중 하나였어요. 1348년 말에 이르자 피렌체 인구의 절반이 흑사병으로 사망했습니다. 피렌체의 소설가인 지오바니 보카치오는 다음과 같이 비꼬며 탄식했지요. "얼마나 많은 용맹한 신사와 얼마나 많은 아리따운 숙녀가 아침 식사를 친지들과 함께하고 같은 날 밤의 저녁 식사를 조상님들과 함께했는가."

보카치오는 또한 아픈 자가 단순히 옆을 지나가기만 해도 질병에 옮을 수 있다고 기록했어요. 이것은 몇몇 피렌체인들이 흑사병의 치명적 양상 때문에 고통받았다는 점을 시사하지요. 즉, 감염된 폐로부터 발생한 기침이나 재채기를 통해 사람에서 사람으로 전염되는 폐 페스트를 설명한 것입니다. 흑사병은 부유하든 가난하든 도시에 있는 사람을 가리지 않고 공격하는 듯했어요. 이러한 이유로 당시 사람들은 숨 쉬는 공기를 통해 흑사병이 퍼진다고 추측했지요. 사람들은 코 가까이에 신선한 아로마 허브를 한 줌씩 갖다 대고, 바깥의 모닥불에 향기 나는 나무를 던져 넣는 일에 신경을 썼답니다. 그러면서 이 좋은 냄새가 공기 중의 나쁜 기운을 청소해 주기를 간절히 바랐어요.

몇몇 부자는 시골 별장으로 이사할 목적으로 도시를 떠나기도 했습니다. 외진 장소가 더 안전하다는 것이 증명됐거든요. 시골에 있던 사람들은 대부분 살아남았지요. 그러나 문제는 도시의 공기가 아니었어요. 오히려 건축 양식이 원인이었답니다. 도시 저택들은 대부분 곡식 저장소를 1층에 두고 생활공간은 위층에 두는 형식으로 설계됐어요. 감염된 쥐들은 1층에서 곡식을 먹고 나서 위층으로 올라가 사람들의 생활공간에 침입했지요. 환자가 생긴 집은 다른 사람들과의 접촉을 꺼렸습니다. 평소 보이던 사람들이 보이지 않게 되면 모두들 이렇게 수군거렸지요. "저 집안에도 환자가 생겼나 봐."라고요.

보카치오의 아버지도 흑사병으로 인해 사망했어요. 그래서 보카치오는 값비싼 진료를 하면서도 그럴듯한 치료법은 제공하지 못하는 의사들을 맹렬히 비난했지요. 장의사들은 시체들을 옮겨주기 위해 고용되는 사람들이지요. 그런데 피렌체의 장의사들은 환자들로부터 도둑질을 하거나 심지어 환자들을 죽이기까지 했지요. 그래서 피렌체의 장의사들은 비정하다고 질타를 받았어요. 너무나 많은 사람이 죽는 바람에 농작물은 관리가 되지 않은 채 방치됐어요. 병에서 살아남은 생존자들은 굶주림에 시달리다 죽어가기도 했습니다. 근방의 시에나에서는 대성당 수리 작업도 멈춰야 했어요. 너무나 많은 장인이 죽어나갔으니까요. 그 대성당은 오늘날까지도 완공되지 못한 채 남아 있답니다.

서부유럽

이탈리아를 휩쓴 흑사병은 지치지 않고 프랑스, 독일, 네덜란드를 향해 질주했어요. 사람들은 겁에 질린 상태로 다가오는 이 역병을 기다려야만 했지요. 유럽 고양이는 대부분 태비 종이었어요. 태비는 다양한 채도의 갈색 얼룩무늬가 있는 고양이 종이에요. 검은 고양이는 유럽에서는 드물었지만 중동에서는 흔했답니다. 유럽인들은 동네에서 검은 고양이를 발견할 때면 겁을 먹었어요. 검은 고양이가 있다면 역병도 여기에 존재할 것이라고 생각했던 것이지요. 왜냐하면 검은 고양이와 흑사병 모두 동쪽에서 배를 타고 건너온 것이었으니까요.

사람들은 검은 고양이를 모두 죽이기로 결심했습니다. 마을 의회는 흑사병을 예방하기 위해 개와 고양이를 없애라고 지시했어요. 자연적으로 쥐의 수를 조절해줬을지도 모르는 바로 그 개와 고양이를 말이지요. 반면, 제정신이 아니었던 가난한 사람들은 집단을 이뤄 마을에서 마을로 이동했어요. 이 가난한 무리들은 공공장소에서 서로를 채찍질하고, 설교를 하며, 큰 소리로 신에게 자신의 죄를 자백했지요. 이들은 자신들을 채찍질 고행단Flagellants이라고 불렀어요. 채찍질 고행단은 '채찍

질을 하다'라는 뜻의 라틴어에서 파생한 명칭이에요. 채찍질 고행단은 그들의 고통이 신의 분노를 가라앉혀서 흑사병으로부터 자유로워지기를 바랐습니다. 몇몇 마을에서는 채찍질 고행단이 지나치게 광분하며 활동했어요. 그 와중에 채찍질 고행단은 흑사병의 유행을 유대인의 탓으로 돌리면서 죄 없는 유대인까지 공격했지요. 1349년 독일의 마인츠, 스트라스부르, 프랑크푸르트에서는 채찍질 고행단들이 수천 명의 유대인을 학살했습니다. 스위스 바젤에서는 채찍질 고행단들이 유대인들을 나무 건물 안에 억지로 밀어 넣고 불을 질렀어요. 결국 클레멘트 6세 교황은 그해 말에 채찍질 고행단 활동을 금지했지요.

어떤 마을 의회들은 마을 입구에 경비를 세우고 흑사병에 감염된 지역에서 온 자들의 출입을 금지했어요. 그러나 상인들은 그들의 여행 서류에서 문제의 소지가 있는 도시 이름들을 식초로 지워버렸지요. 다른 마을의 평의회는 흑사병에 대한 소식이 사업에 좋지 않은 영향을 끼칠 것이라고 걱정했어요. 그래서 이들은 병자와 사망자의 수에 대하여 거짓 보고를 했지요. 이렇게 위조하고, 몰래 숨어들고, 덮어버리는 행위들은 당연히 흑사병이 퍼지는 것을 도왔답니다. 1349년, 흑사병이 오스트리아 빈을 덮쳤을 때, 사람들은 이것을 괴이한 자연현상의 결과로 여겼어요. 사람들은 흑사병을 최근의 일식이라든지, 지진이라든지, 심각한 폭풍우라든지, 비정상적으로 따뜻한 날씨라든지, 충격적인 화재라든지, 메뚜기 떼의 급습 같은 현상들과 똑같이 취급했지요. 이에 대한 기록은 얼마 없어요. 그러나 부유층들까지도 빈에 머문 채 열렬히 기도하고, 교회에 아낌없이 기부하여 죽은 자들을 회상하는 미사 비용을 충당했다고 알려졌어요. 피렌체와는 사뭇 다른 상황이지요. 하지만 피렌체든 빈이든 가난한 자들과 무덤 일꾼들의 사망률이 가장 높았답니다.

북부유럽

흑사병은 북쪽을 향해 내달렸습니다. 스코틀랜드에서는 초막에 살던 가난한 가족들이 돌로 지은 저택에 살던 부유층보다 더 많이 죽었어요. 쥐들은 짚 위에서 즐겨 자는데 이 짚이 초막의 지붕을 만들 때 쓰는 재료와 동일했거든요. 죽은 선원들로 가득 찬 선박이 노르웨이 베르겐으로 흘러 들어왔어요. 그 뒤 노르웨이 인구의 반이 죽었답니다. 그 선박은 건강한 선원들과 양모 화물, 몰래 탄 쥐들과 함께 영국에서 출발했어요. 그러나 선원들은 목적지에 도달하기도 전에 병에 걸렸지요. 1351년에 이르러 흑사병은 동쪽으로 돌아서 러시아로 침입했어요. 그렇게 이 역병은 전 세계로 퍼졌답니다. 그러고 나서 흑사병은 카파를 향해 다시 남쪽으로 진출했어요. 카파는 5년 전에 이 역병이 처음 발생한 곳이었지요.

흑사병은 엄청난 파괴력과 함께 너무나도 빠르게 이동했어요. 이러한 이유로 몇몇 과학자들은 당시에 흑사병 이상의 그 무언가가 있었던 것이 아닌가 하는 의문을 품고 있답니다. 어쩌면 천연두와 흑사병이 알 수 없는 무서운 시너지를 일으켰을지도 모르지요. 그러나 최근 연구 결과 흑사병을 일으켰던 미생물의 DNA가 발견됐어요. 그리고 당시의 DNA는 오늘날 개별적으로 나타나는 흑사병 사례의 원인인 미생물과 동일하다고 밝혀졌답니다. 흑사병의 이동 속도와 파괴력은 질병의 유전적 요인보다는 사람들이 살던 방식과 더 깊게 연관되어 있었을 거예요. 즉, 사람들이 쥐와 가까이 지내던 습관이 원인이었을 것입니다. 오늘날 몽고에서도 사람들은 건강하지 못한 마멋 무리를 피해요. 왜냐하면 병든 마멋 무리는 여전히 흑사병을 옮길 수 있으니까요. 운명의 장난처럼 오늘날 몽골 마멋은 멸종 위기종으로 등록되어 있습니다. 마멋이 흑사병, 그러니까 림프절 페스트균을 보균해서가 아니라 털가죽을 얻으려는 인간의 욕심 때문에 너무 많이 사냥됐기 때문이지요.

죽음과 함께 생활하기

우악!

아이들은 무서울 때면 자신의 두려움을 웃어넘기기 위해 놀이를 만들지요. 제어할 수 없는 무언가를 제어하는 자연스러운 방법이에요.

'링 어라운드 더 로지Ring around the Rosie'는 전래 동요를 부르며 다 같이 원을 그리며 도는 놀이입니다. 그런데 어쩌면 '링 어라운드 더 로지'는 아이들이 흑사병을 무서워하는 마음을 극복하게 도와줬을지도 몰라요. 몇몇 역사학자들은 이 놀이가 이러한 목적을 위해 중세시대에 만들어졌다고 주장하고 있지요!

붉은 애 주위를 돌아요,
주머니 한가득 작은 꽃다발이,
쌔액~ 쌔액~
우리 모두 쓰러져요.

그림 안의 시 기억하시나요? 아니면 비슷한 것이라도요. 이 구절을 노래하

듯 읊으며 아이들은 다 같이 손을 잡고 원을 돌지요. 마지막 구절이 끝날 때쯤에는 모두가 잡은 손을 놓고 바닥에 넘어져요. 이 시를 구절별로 읽어보세요. 이 시가 흑사병을 묘사하고 있는 것을 확인할 수 있답니다. 부보는 부어올라 붉은색이 되지요. 그리고 부보 주변의 피부는 어두운 원의 형태로 변합니다. 사람들은 자신을 역병으로부터 보호하기 위해 향긋한 허브 꽃다발을 들고 다녀요. "쌔액~ 쌔액~"은 죽기 직전 목구멍에서 딸각거리는 마지막 숨소리를 흉내 낸 것이지요. 마지막으로 질병은 대부분의 사람을 쓰러지게 만들어요. 죽여서요!

단언컨대, 흑사병은 두려운 존재였어요. 이 역병은 세계를 한 번 질주하고, 그다음에 다시 찾아오고, 또다시 찾아오기를 400년간 반복했지요. 그러니 어느 세대이든 엄청난 파도처럼 몰아치는 질병과 죽음을 경험했답니다. 알려진 치료법은 없었어요. 그렇기에 이렇게 빙빙 도는 놀이는 다른 어떤 방법만큼이나 이 병이 주는 두려움을 참아내기에 좋은 방법이었지요. 사람들은 흑사병을 이겨내기 위해 굶거나, 사탕을 먹거나, 뱀독이나 식초를 부보에 뿌리거나, 상처 부위에 후추 혹은 털을 제거한 닭 엉덩이살을 바르는 등 온갖 말도 안 되는 치료법들을 시도했답니다. 의사들이 처방한 의학적 치료법들도 도움이 되지 않기는 매한가지였어요. 의사들이 처방한 치료법 중에는 억지로 구토하게 만들고, 피를 흘리게 하고, 부보를 터뜨려 농을 방출하는 것도 있었지요. 이러한 치료법들은 상황을 악화시키고 박테리아를 퍼지게 만들기도 했습니다. 어떤 사람들은 허브 혼합물을 최적의 치료제라고 믿었답니다. 라벤더, 마조람, 클로브 및 계피 등을 따뜻한 수프에 첨가하거나, 코 가까이 대거나, 피부에 문지르거나, 주머니에 넣고 다녔지요.

이탈리아 의사들은 환자들을 방문할 때 유니폼을 입었어요. 역병이 돌기 전에 의사들의 유니폼은 끝자락에 흰 털이 달린 빨간 외투였지요. 약간 산타클로스 복장 같았어요! 그 뒤 역병이 돌 때는 의사들이 어두운 가죽 외투를 입고 장갑을 착용했으며, 부리처럼 생긴 흰 마스크로 입과 코를 덮었어요. 의사들은 '부리' 안쪽에 허브를 채워 넣어 건강한 향을 들이마셨어요. 너무 가까이 다가오는 환자들을 밀어낼 수 있도록 양손에는 지팡이를 들었지요.

나중에는 공동체가 공중위생에 대한 책임을 맡기 시작했어요. 라구자 시는 오늘날의 크로아티아 두브로브니크예요. 라구자 시의원들은 1377년부터 상륙 허가를 내리기 전에 선박과 선원들을 예외 없이 격리시켰답니다. 다른 항구들도 라구자의 선례에 따라 40일간 격리제도를 시행했어요. 1450년 프랑스에서는 마을 대문 보초들이 정기적으로 여행자 서류를 점검했어요. 대문 보초들은 최근 감염된 지역을 거쳐 온 사람이 들어오지 않았는지 확인했던 것이지요. 문서 위조도 주의 깊게 검사했고요. 1500년대 중반 스코틀랜드에서는 정부 당국이 감염된 흑사병 환자들을 마을 밖으로 이주시켰어요. 정부 당국이 환자들이 살 수 있는 특별 오두막을 제공했지요. 시체는 적어도 2.13미터 이상 깊이 묻어야 했어요. 오두막은 깨끗이 유지해야 했고, 침구는 다시 사용하기 전에 끓여야 했지요. 점점 더 많은 유럽 마을이 격리된 병원을 짓고, 의사와 간호사들을 고용하며, 고아들을 양육하려고 재정

을 배분했어요. 피렌체는 첫 흑사병 발생기에 수많은 부자가 떠났던 마을이었어요. 피렌체는 희생자들의 이름을 추모하기 위해 '죽은 자의 책'을 만든 마을이기도 했지요. 1630년 흑사병 발생기에 토스카나의 통치자는 매일 피렌체를 점검하며 시민들이 보호를 잘 받고 있는지 확인했어요.

1800년대 초, 흑사병이 드디어 유럽에서 사라졌답니다. 그러나 그 전에 심각한 흑사병의 재발이 두 차례나 있었지요. 당시 흑사병이 재발한 상황은 벼룩들이 득실거렸을 법한 섬유들을 수송한 때와 시기적으로 일치했어요. 영국 런던의 흑사병은 1665년에 시작하여 한 해 동안 지속됐어요. 이 흑사병은 네덜란드에서 실은 감염된 솜 뭉치가 런던 항 주변에 하역되었던 것과 연관이 있을지도 모릅니다. 흑사병이 최고조에 달했을 때 런던에서는 매주 7,000명씩 사망했어요. 사람들은 공기를 정화하기 위해 마을 곳곳에 작은 모닥불을 피우기 시작했지요. 영국의 흑사병은 1666년, 도시의 오래된 지역들이 불에 타면서 끝이 났습니다. 그 과정에서 불타버린 몇몇 도시 지역 중에는 쥐가 득실거리는 빈민촌도 있었어요. 어린이와 어른들은 이 섬뜩한 시기를 짤막한 노래로 기억했어요. 이들은 당시의 어려움을 몇 가지 경박한 단어로 가볍게 표현하면서 자신들의 두려움을 조금은 완화했을지도 모릅니다.

1665년에 살아남은 자는 아무도 없었대요.

1666년에 런던이 불에 타 박살 나버렸대요.

두 번째 심각한 흑사병의 발생은 1720년에 있었던 섬유 수송 사건과 관련이 있었어요. 그 뒤 2년간 프랑스 마르세유 인구의 절반 정도가 죽어나갔습니다. 처음에는 선원들, 그다음에는 짐꾼들 그리고 시리아에서 온 선박 안에 가득 실린 의류를 구입한 사람들의 순으로 사망했어요. 더 작은 마을들에서 흑사병은 몇 차례 더 돌았어요. 그 후 이 역병은 불가사의하게도 100년간 자취를 감췄습니다.

죽음에 대한 예술

스페인에 있는 300년 된 공동묘지를 방문하면, 묘지 대문 앞에 해골 머리 하나와 대퇴골들이 서로 엇갈린 모양으로 조각된 것을 발견할 수 있어요. 이 마크는 해적과 상관없습니다. 독성 물품이 있으니 주의하라는 표시도 아니지요. 하지만 그것들과 똑같은 모습이에요. 오늘날 우리는 이 문양을 묘지에 쓰기에는 사뭇 이상한 장식이라고 여기겠지요. 그러나 흑사병의 생존자들은 이 문양을 통해 죽음의 의의를 상기하고 싶어 했어요. 낡은 유럽식 교회 안의 예배당에 들어가 보세요. 어쩌면 솟아 오른 무덤 위에 실물 크기와 같은 해골 조각이 누워 있는 것을 발견할 수도 있어요. 해골의 눈구멍과 늑골 사이에서는 애벌레들이 기어 나오고 있을 것이고요. 더 놀라운 사실은 이것이 윤을 낸 질 좋은 대리석으로 조각한 제대로 된 예술품이라는 것이에요. 주로 권력을 누리던 사람들이 죽기 직전에 이러한 사체 기념물들을 종종 만들곤 했지요. 사체 기념물들은 1300년대 말에서 1400년대 초까지 잠시 동안 유행했어요. 갑작스럽고 고통스러운 죽음이 흑사병이 창궐하던 시절에는 너무나도 흔했어요. 그렇기에 죽음에 대한 참혹한 묘사가 당시의 미술 작품에도 반영된 것입니다.

1400년대와 1500년대에 유럽 예술가들은 죽음과 인간을 묘사하는 '죽음의 무도'라는 예술품들을 창조했어요. 사회 모든 계층의 대표자들, 즉 교황, 왕, 주교, 기사, 상인, 소작농, 거지, 아이가 한 줄로 섰습니다. 활기 넘치는 해골들이 부여잡은 손과

손 사이로 빠짐없이 끼어들었어요. 죽음의 무도가 시작됐지요. 살아 있는 사람들은 땅을 쳐다보며 터덜터덜 끌려갔으며, 해골들은 기뻐하며 껑충껑충 뛰었어요. 당연하게도 해골들은 잡고 있던 댄스 파트너 모두를 죽음으로 이끌었습니다.

영국에서 일부 예술가들은 죽음을 해골의 모습으로 상상했어요. 오늘날에는 죽음이 후드가 달린 검은 망토를 쓰고 낫을 든 저승사자로 알려져 있지요. 다른 나라에서 죽음은 때 묻은 옷을 입은 사람이나, 사악한 할망구 또는 말을 탄 창백한 기수의 모습으로 등장합니다. 여러 가지 모습으로 묘사된 이 죽음들은 모두 사람들을 이 세계에서 다음 세계로 인도하는 존재, 즉 저승사자로 간주되었습니다. 어떤 사람들은 자신이 이들 저승사자에 대항하여 기지를 발휘하는 내기를 시도할 수 있을 것이라고 믿었어요. 만약 내기에서 이긴 경우 포상으로 더 긴 수명을 얻을 수 있다고 생각했지요.

피리 부는 사나이

《하멜른의 피리 부는 사나이》라는 동화에는 이러한 죽음의 이미지들이 그림자처럼 드리워져 있습니다. 동화의 일부는 흑사병이 일어나기 전의 일들에 대한 내용이

기는 해요. 그러나 쥐를 잡는 피리 부는 사나이의 이야기는 흑사병이 유행하던 시절에 처음 등장했답니다. 1550년에 기록된 이야기 버전에서는 독일의 하멜른 마을이 쥐 떼로 뒤덮이지요. 그러자 형형색색의 이국적인 의상을 입고 음악 소리를 내는 피리를 든 이방인이 나타나요. 이방인은 일정 금액을 대가로 쥐들을 없애주겠다고 제안하지요. 상인들은 이방인의 제안에 동의합니다. 이방인은 곧바로 특이한 음악을

수백만을 구한 단순한 해결책

19세기 말, 흑사병이 극동 지역에 다시 창궐했어요. 프랑스 과학자, 알렉산드르 예르생 박사는 당시 극동 지역에 배치됐었습니다. 예르생 박사는 홍콩에 있는 흑사병 병원 밖에 자리를 마련하여 감염자들의 시체를 검시했어요. 그리고 1894년에 흑사병 박테리아를 분리시키는 데 성공했답니다. 오늘날 이 박테리아는 예르생 박사의 이름을 따서 예르시니아 페스트균이라고 불리고 있지요. 그로부터 4년 뒤, 동료 프랑스인인 폴-루이 시몽은 예르생의 박테리아를 쥐벼룩과 연관 지어 생각했어요. 중세시대 이래로 사람들은 흑사병이 휘몰아치기 직전에 죽은 쥐들이 하수구에서 비정상적으로 많이 발견된다는 것을 알고 있었어요. 심지어 '쥐무더기'라고 이 현상을 부르는 명칭도 있었지요. 시몽과 동료들은 흑사병에 의해 쥐무더기 속의 쥐들이 죽었다는 것을 깨달았어요. 그리고 시몽은 환자들의 피부에서 벌레에 물린 듯한 자국들을 발견했지요.

1898년에 시몽은 실험을 기획했습니다. 시몽은 흑사병에 감염된 쥐 한 마리를 우리 속에 가두고 감염되지 않은 쥐를 다른 우리 속에 가뒀어요. 그 뒤 두 우리를 가까이 붙여놨지요. 그러나 두 우리가 서로 닿지는 않게 했어요. 그리고 흑사병에 감염되지 않은 벼룩들을 두 우리에 집어넣었습니다. 그러자 감염되지 않은 쥐도 흑사병에 걸렸습니다. 벼룩들이 감염된 쥐로부터 건강한 쥐에게 흑사병을 전염시켰기 때문이었지요. 예르생과 시몽의 예리한 관찰과 호기심이 흑사병의 수수께끼를 풀었어요. 즉, 쥐 개체군을 조절하는 것이 흑사병에 대한 해답이었던 것이지요. 훗날 시몽이 언급했듯, 이처럼 단순한 해결책이 수백만 명의 생명을 구했을 것이라는 사실은 믿기가 어렵지요.

1897년에 인도에서 일하던 러시아인 발데마르 하프킨은 흑사병에 대한 첫 예방접종법을 개발했습니다. 오늘날에는 감염된 실험동물들을 데리고 일을 하는 사람들만 이 예방접종을 받습니다. 항생제 덕분에 흑사병은 치료할 수 있는 질병이 되었기 때문이지요. 흑사병은 여전히 전 세계에 사는 설치류 무리들 사이에서 은근히 들끓고 있어요. 미국 남서부의 들다람쥐 무리도 예외는 아니랍니다.

피리로 연주하기 시작해요. 쥐들은 마법에 걸려 이방인을 따라 강으로 들어가 모두 빠져 죽습니다. 하지만 보상금을 요구하는 피리 부는 사나이를 상인들은 무시하고 외면합니다. 고작 피리 한 번 불고는 왜 거금을 챙기려 드느냐면서 말이죠. 피리 부는 사나이는 상인들이 돈을 지불하지 않으면 나중에 후회할 것이라고 경고합니다. 그러나 상인들은 피리 부는 사나이를 무시해요. 상인들은 피리 부는 사나이가 자신들에게 아무런 해도 끼치지 못할 것이라고 믿었거든요.

그 뒤 피리 부는 사나이는 도시를 떠났다가 녹색 사냥꾼 의상을 입고 다시 돌아옵니다. 사나이는 다시 피리를 연주해요. 그러나 이번에는 마을의 아이들이 따라오기 시작하지요. 아이들은 최면에 걸려 피리 부는 사나이를 춤추며 뒤따라 가다가 산 속 동굴 안으로 사라집니다. 오직 3명의 아이만 살아남아요. 귀가 먼 아이 하나, 눈이 먼 아이 하나, 절름발이 아이 하나였지요. 왜냐하면 이 세 아이는 다른 아이들과 발맞춰 쫓아가지 못했기 때문이었지요. 이상한 의상과 초능력을 가진 이 피리 부는 사나이가 '죽음의 무도'를 이끌었던 것일까요?

우상이 된 성인들

성 세바스찬과 성 로크를 그린 그림들은 시간이 지나 어두워지고 먼지가 두텁게 쌓여 있어요. 그러나 이 그림들은 여전히 몇몇 낡은 유럽 교회 내부에 걸려 있습니다. 신자들은 역병이 득세하던 시절, 이 성인들을 향해 초를 켜고 무사함을 기도했지요. 성 세바스찬은 대개 기둥에 묶인 채 얼굴이 고통스럽게 일그러져 있고, 화살 여러 개에 몸이 관통 당한 모습으로 묘사됐어요. 사람들은 역병이 나쁜 공기와 함께한다고 믿었어요. 나쁜 공기가 성 세바스찬의 몸에 있는 구멍 난 상처들을 통과하면 공기가 정화된다고 생각했지요.

성 로크는 항상 허벅지에 부보가 있고 개를 동반한 모습으로 그려졌어요. 성 로크는 황무지에서 역병에 걸렸어요. 하지만 음식을 구해다주는 개 덕분에 살아남을 수 있었지요. 사람들은 기도하고, 초에 불을 켜고, 성 로크 상을 들고 흑사병이 도는 마을을 행진하면 흑사병을 피할 수 있는 가호를 받을 수 있다고 믿었답니다. 이렇게 순례를 돌고, 행진을 하고, 개혁 운동을 하던 대중문화 양식은 신이나 성인들을 기쁘게 하며 섬길 의도로 진행됐어요. 그러나 이러한 행위들은 아이러니하게도 새로운 지역으로 역병과 기타 질병들을 퍼뜨리는 결과를 일으키기도 했지요.

당신은 춤을 잘 춥니까?

부모님께서 춤을 추는 것을 지켜보면, 춤이 빠르던 느리던 상관없이 사뭇 민망할 수 있어요. 부모님께서 정말 제대로 춤을 출 줄 아시는 분들이셔도 그럴 수 있지요. 중세시대 중 1300년대에서 1700년대 사이에 한동안 아이들은 어른들이 춤추는 모습들을 자주 볼 기회가 있었어요. 정말이지 기묘한 장면이었지요.

질병이 창궐하자 마을 사람들은 '댄싱 마니아'라는 질환에 홀리게 됐습니다. 댄싱 마니아는 특히 빈민층 사람들을 노렸어요. 이 병에 시달리는 자들은 길거리에서 지칠 때까지, 심지어 죽을 때까지 춤을 췄지요. 이른바 죽음의 무도랄까요? 당시에는 이 춤추는 병이 전염되는 것이라고 믿었어요. 그런데 댄싱 마니아는 정말로 질병이었을까요?

병에 걸린 자들은 소리 지르고, 노래 부르고, 울고, 미친 듯이 웃으며 발작하듯이 몸을 경련했어요. 어떤 사람들은 야릇한 의상을 차려 입고 머리에는 화환 장식을 했지요. 빨간색을 볼 때마다 난폭해지는 사람도 있었답니다. 어떤 사람들은 옷을 벗어 던지고 외설적인 몸짓을 보였지요. 때로는 짐승처럼 흙에서 기어 다니기도 했어요. 이 환자 겸 춤꾼들은 짧게는 몇 시간 길게는 며칠씩이나 빙글빙글 돌고, 소리 지르고, 엉엉 울었답니다. 춤꾼들은 한 번에 수천 명이 모여 함께 춤을 췄어요. 이 춤꾼들은 여러 마을을 방랑하면서 집단을 늘려갔지요. 지켜보다가 이 집단의 춤에 끌려 동참하는 사람도 있고, 멀찍이 떨어져 지켜보는 사람도 있었어요. 이것은 광증이었을까요, 병증이었을까요? 아니면 종교적 희열이었을까요? 광분한 춤꾼들은 힘이 다하면 단체로 지쳐 쓰러졌어요. 그러면 이 길다고 하면 긴 발작이 끝난 것이었지요. 몇몇 사람들은 깨어난 뒤 다시 일상으로 복귀했어요. 반면 재차 삼차 정신줄을 놓는 사람들도 적지 않았지요.

댄싱 마니아는 1237년에 발발했어요. 독일의 에어푸르트 마을과 아른슈타트 마을 사이로 춤추는 아이들의 거대한 집단이 출현했지요. 1278년에는 너무나도 많은 사람이 독일의 뫼즈 강을 건너는 다리 위에서 춤을 추는 바람에 다리가 무너져 물속으로 가라앉기도 했지요. 그렇지만 댄싱 마니아의 출현은 대개 흑사병의 창궐 이후에 집중되어 나타났습니다. 1374년 여름에는 독일 아헨에서 춤추는 집단이 나타났어요. 그 뒤 댄싱 마니아는 근처의 마을공동체로, 더 나아가 주변 국가들로 퍼져나갔지요. 그중에는 프랑스, 네덜란드, 벨기에 그리고 이탈리아도 있었지요.

1518년, 트로페아 부인이라는 여성이 독일 스트라스부르에서 홀로 춤을 추기 시작했습니다. 한 달 뒤에는 400명이 넘는 사람이 트로페아 부인과 함께 춤을 추고 있었지요. 이들 중 대다수는 뇌졸중, 탈진 및 심장마비로 사망했답니다. 당시 사람들은 댄싱 마니아에 홀린 자들을 도울 수 있는 최선의 방법이 음악을 제공하는 것이라

생각했어요. 그래서 피리 연주자들은 종종 빠르고 경쾌한 음악을 연주했습니다. 춤꾼들이 박자에 따라 빨리 춤을 추면 배출되는 땀과 함께 그들을 아프게 만든 무언가가 배출될 거라고 생각했기 때문이지요. 동시에 신부들은 악사들에게 부탁에 이들을 예배당으로 인도하도록 했습니다. 예배당에서 축복을 내리거나, 악귀를 물리쳐서 치유될 수 있도록 돕기 위해서였지요. 많은 사람들은 성 바이터스의 성지도 전염된 자들을 치유하는 데 도움이 되는 곳이라고 생각했습니다. 그래서 댄싱 마니아는 성 바이터스의 춤으로 알려지기 시작했습니다.

이탈리아 남부의 의사들은 이 춤꾼들이 타란툴라 독거미에게 물려서 독이 퍼진 사람들이라고 믿었어요. 그래서 이곳 악사들은 타란텔라라고 불리는 경쾌하며 최면을 거는 듯한 가락을 연주했지요. 타란텔라는 민속 음악과 전통 춤 속으로 뿌리를 내렸어요. 오늘날 타란텔라는 탬버린과 함께 시연됩니다.

1700년대에 댄싱 마니아는 갑자기 사라졌어요. 댄싱 마니아가 사라진 원인은 무엇일까요? 왜 없어진 것일까요? 아무도 진실을 모릅니다. 어떤 역사학자들은 댄싱 마니아가 실제로는 성안토니열이었다고 믿고 있어요. 성안토니열은 사람들로 하여금 팔과 다리가 타들어가는 듯한 감각을 느끼게 하고 환각을 보거나 미치게 만드는 질병이지요. 성안토니열은 곰팡이에 감염된 호밀을 먹어서 감염됩니다. 또 다른 가능성은 시드남 무도병입니다. 시드남 무도병은 류마티스 열을 오래 앓은 환자에게 불수의적 근육 운동이 나타나면서 고통을 주는 질병이에요. 그러나 오늘날에는 성안토니열이든 시드남 무도병이든, 두 질병 모두 당시의 춤꾼들이 보였던 이상행동을 유발하지 않는답니다.

어쩌면 댄싱 마니아는 가난, 굶주림 그리고 가장 유력하게는 흑사병으로 인한 심각한 스트레스가 불러일으킨 일종의 집단 히스테리였을지도 모르지요. 아니면 주변 사람들이 오해하고 있었을 뿐, 그저 답답한 상황을 비판하는 일종의 시위였을지도 모르고요. 댄싱 마니아는 청소년이나 사회 부적응자들이 중세시대 방식으로 반항했던 행위였을까요? 우리는 댄싱 마니아를 유발한 원인을 영원토록 밝혀내지 못할지도 모릅니다. 그러나 댄싱 마니아는 그저 구경하기에는 놀라운 광경이었어요.

영국 발한병

전염병들은 나름의 규칙을 따라요. 전염병들은 담을 넘기도 하고, 탐조등 밑에 숨어버리기도 하며, 금속 탐지기 사이로 몰래 들어가고, 아무런 초대나 허가 또는 여권 없이 국경 지역을 넘어가버리기도 하지요. 중세시대 말에 치명적인 역병이 영국을 공격했어요. 그러나 이 역병의 진행은 스코틀랜드 국경 지역에서 완전히 멈춰버렸지요. 당시 사람들은 이것을 이상하게 생각했어요. 그리고 오늘날에도 이 현상은 여전히 기이한 일로 여겨지고 있어요. 이 전염병은 1485년부터 1551년까지 다섯 번 창궐했으며 그 시기는 항상 여름이었어요. 그런데 이상하게도 이 질병이 스코틀랜드나 웨일스로 퍼진 적은 없었지요. 아일랜드의 전염병 환자들도 모두 얼마 전에 영국을 방문한 사람들이었고요. 이 질병은 한 차례 유럽 대륙 전역으로 퍼졌다가 이내 사라졌답니다.

영국 발한병 또는 발한병으로 알려진 이 전염병

의 특징 증상은 악취와 극단적으로 흐르는, 멈추지 않는 땀이었어요. 다른 증상으로는 두통, 발열, 쇠약감 그리고 수 시간 내의 사망이 있었지요. 용맹한 젊은 남성들은 9시 정각까지도 춤을 추다가 11시에 죽었대요.

발한병은 림프절 페스트, 그러니까 흑사병과 동시대에 발발했어요. 하지만 발한병은 흑사병과 달리 부보는 생기지 않았으며 대신 믿을 수 없을 정도로 많은 양의 땀이 흐르면서 악취를 풍기는 증상이 두드러졌지요. 이러한 땀 증상을 통해 발한병은 흑사병과 전혀 다른 질병이라는 것을 구분할 수 있었어요. 또한 발한병은 흑사병과 다르게 오밀조밀 모여 사는 도시 거주자들보다 시골 거주자들을 더 많이 공격한다는 점도 사람들의 눈에 띄었어요. 인생의 전성기를 살아가던 부유하고 젊은 남성들이 아이들이나 여성, 노인, 가난한 자들보다 더 많이 죽었지요. 발한병에 가장 많이 걸렸던 나이대의 고민 없는 젊은 남성들을 묘사하던 표현들로는 '용맹인'과 '악당'이 있었어요. '악당'은 불한당처럼 행동하는 남성을 지칭했어요. 반면 '용맹인'은 좀 더 고상하고 용감한 남성을 일컫는 것이었지요. 가난한 자들은 이 질병에 두 가지 별명을 붙였어요. '용맹인 끝장내기!' 그리고 '악당 끝장내기!'

1485년은 이 역병이 창궐하던 첫 번째 여름이었어요. 또한 1485년은 전쟁터에서 헨리 튜더가 리처드 3세를 패배시킨 시기와도 우연히 일치하지요. 사람들은 발한병이 반란을 통해 정당한 왕을 죽여 대체한 일 때문에 영국이 받는 일종의 형벌이 아닐까 우려하며 걱정했어요. 그러나 10월 말에 이르자 영국 발한병은 사라졌지요. 그리고 헨리의 사후에는 새로운 파벌의 강한 왕과 여왕들이 왕위를 계승했습니다.

영국 발한병은 매번 따뜻하고 습한 여름에 최고조에 이르렀다가 가을에 서리가 나타나면서 사라졌어요. 계절을 타면서 정확한 지리학적 경계 내에서만 발생하는 오늘날의 질병들은 대개 벌레를 통해 새나 설치류에서 사람에게로 전달됩니다. 질병을 전달시키는 벌레는 매개체라고 불려요. 영국 발한병의 경우 모기나 파리, 이 또는 진드기가 매개체였을 수 있지요. 그중 모기는 특히나 따뜻하고 습한 여름에 번창하다가 서릿발 속에서는 죽어나가지요. 어떤 새 또는 설치류가 숙주 역할을 했는지는 정확히 알 수 없어요. 그러나 영국의 특정 거주 지역 내에서만 서식하는 나무쥐 종과 들쥐 종은 의심해볼 만하지요. 이 둘 중 어느 쥐 종이든 간에 질병을 쉽게 보균할 수 있는 상황이었어요.

영국 발한병이 사라지게 된 이유는 무엇일까요? 단순히 바이러스가 스스로 수명을 다해 죽었기 때문일 가능성도 있어요. 아니면 영국인들에게 발한병에 대한 면역력이 생긴 것일지도 모르지요. 그 덕에 질병이 너무나 미미한 질환으로 변이하여 사람들이 더는 이것을 병으로 인식하지 못하는 것일지도 몰라요. 아니면 영국의 거대 숲들을 베어버리면서 숙주 역할을 할 새나 설치류 또는 벌레 매개체가 사라졌기 때문일 수도 있겠네요.

영국 발한병이 발생했을 때쯤, 유럽은 이제 중세를 벗어나 탐구와 발견의 시대를 맞이하고 있었답니다. 지난 200년 동안 발생한 엄청난 역병들은 많은 변화를 일으켰어요. 일반인들은 더는 정부에게 의심 없이 순종하지도, 교회를 무조건적인 믿음으로 따르지도 않았어요. 왕과 교황들도 고통을 멈추지 못했는데 그들을 따라서 무슨 소용이 있었겠어요? 유럽의 인구는 급격히 감소했어요. 노동력은 점점 부족해졌지요. 인부들은 더욱 높은 임금을 원했고 더욱 많은 권리를 요구했지요. 농사를 지을 사람들이 부족해지자 농경지는 점점 목초지로 대체되었지요. 기사와 농노로 이루어진 오래된 봉건제도가 사라지면서 마을에서는 예전보다 발언권이 높아진 중산

층들이 일어서고 있었어요.

1550년의 의사들은 여전히 전염 가능한 질병에 대하여 현실적으로 이해한 바가 전혀 없었어요. 이때쯤 의사들은 질병과 질병 사이의 차이점들을 관찰하기 시작했는데도 말이지요. 공중위생은 아직 걸음마 단계에 있었어요. 전염병들은 국경을 넘나들고 마을 공동체를 휩쓸었지요. 그 사이에 사람들은 그것을 무력하게 지켜보며 기도만 했답니다.

04

발견의 시대

(서기 1500~1800년): 질병이 해안으로 수송되다

천연두가 바이러스로 소문나다

1492년은 크리스토퍼 콜럼버스가 미국으로 항해를 떠났던 시기였어요. 이 시기 전후로 유럽, 아프리카 및 아시아에서 천연두 발병 사례가 급증했습니다. 천연두 바이러스는 고대부터 존재해온 살인자였어요. 그리고 시간이 갈수록 점점 더 치명적으로 변했지요. 천연두에 걸린 사람 10명 중 3명이 사망했어요. 아이들의 경우에는 10명당 8명이 죽었고요. 도시에는 천연두가 너무나도 주기적으로 찾아왔어요. 최소 20년마다 창궐했지요. 그래서 대다수 성인은 한 번씩 천연두를 앓았다가 생존한 사람이었습니다. 그 덕에 당시 성인들은 대부분 이 질병에 대한 면역력이 있었지요. 천연두는 무서운 소아기 질병이 되었어요. 1500년대에는 천연두를 일으키는 원인과 전염되는 경로, 발진이 나타나면 이미 감염되었다는 사실, 한 번 걸렸다가 회복하면 평생 동안 천연두에 대한 면역력이 생긴다는 사실, 천연두의 치료 방법 또는 예방 방법을 아무도 알지 못했어요. 그래도 의사들은 천연두가 전염될 수 있는 질병

이라는 점은 이해하고 있었지요. 이것을 주로 마마라고 불렀고요.

만약 당신이 천연두에 걸렸다면 감염된 뒤 12일간 몸이 찌뿌듯할 것이에요. 당신의 초기 증상 중에는 독감과 같은 고열, 현기증, 두통 등의 통증, 메스꺼움 그리고 쇠약감이 있을 것입니다. 하루 이틀 뒤, 당신은 몸이 좀 나아진 것처럼 느낄 거예요. 그러나 그다음 갑자기 열이 치솟고, 머리가 깨질 것 같이 아프고, 뒤에서 칼로 찌르는 듯한 등의 통증도 느낄 겁니다. 사흘째에는 미세한 붉은 반점들이 콧속, 입안, 목구멍에 올라와요. 그다음에는 이마와 얼굴에도 발진이 생기지요. 발진들은 뚜렷한 붉은 점들입니다. 이 발진들은 당신의 입과 목구멍 안팎으로 퍼지고, 몸을 따라 내려가면서 등 윗부분과 가슴, 팔, 다리에도 생길 것입니다. 그 뒤에 이 점들은 갈색 농포로 변하지요.

농포란 커져버린 여드름처럼 볼록한 조직이 우유 같은 액체로 채워진 것입니다. 심할 경우 농포가 피부 전체에 퍼질 수 있어요. 그러면 농포가 당신의 안구, 내부 장기 그리고 두피와 발바닥까지 퍼져버립니다. 게다가 농포들이 입과 목구멍 안에 자리 잡아 당신이 먹고 마시는 것을 힘들게 만들지요. 환자들은 흔히 고열과 고통스러운 발진으로 정신을 잃기도 해요. 어떤 경우에는 농포가 안으로 자라다가 출혈하면서 조기 사망을 유발하기도 합니다. 끔찍한 경우 농포들이 모두 함께 합쳐져요. 그래서 발진으로 뒤덮인 당신의 피부가 진피와 분리되면서 층층이 벗겨지게 되지요. 열한 번째 날에는 농포들이 납작해지면서 딱지로 굳어요. 박테리아 감염이 간혹 농포 안에 자리 잡기도 하지요. 그러면 당신은 새로운 합병증을 경험하게 됩니다. 세 번째 주에 이르면 딱지가 슬슬 떨어지기 시작해요.

이때까지 버텼다면 당신은 생존에 성공한 것입니다. 그러나 당신의 피부에는 하얗고 움푹 패어서 보기 싫은 곰보 자국들이 남을 수도 있어요. 특히 곰보 자국들은 얼굴에 많이 남지요. 이 상처들은 앞으로 절대 사라지지 않습니다. 당신에게 평생토록 표식이 새겨진 것이죠. 더 나아가 당신은 대머리가 됐거나, 시력을 잃었거나, 불임이 됐을지도 몰라요.

나쁜 소식 같나요? 하지만 비슷한 시기 신세계에서 벌어졌던 일들에 비하면 아무것도 아니랍니다! 크리스토퍼 콜럼버스는 구세계를 신세계에 소개했어요. 질병들까지 포함해서요. 그 뒤 몇 년 동안 수백만 명의 북미 원주민이 천연두로 사망했어요. 북미 원주민의 경우에는 질병이 특히 빠르게 진행되었지요. 일부 원주민은 농포가 자리 잡기도 전에 죽는 경우도 있었어요.

전염 아니면 정복? 구세계 질병들이 신세계 사람들을 만나다

1518년, 쿠바에 배치된 스페인 군인 에르난 코르테스는 멕시코 해안의 탐험을 허가해달라고 쿠바 섬의 총독인 디에고 벨라스케스를 설득했어요. 듣기에는 꽤나 솔직해 보이는 발언이었지요. 그러나 코르테스가 이런 요청을 한 데에는 또 다른 숨은 의도가 있었어요. 코르테스는 금을 갈망했습니다. 뼛속까지 약탈자인 코르테스는 자신의 주머니를 채우기 위해 수단과 방법을 가리지 않았어요. 심지어 살인까지 할 수 있는 위인이었지요. 그런 코르테스지만 수백만 명의 죽음을 초래할 전염병이 돌게 만들 의도는 추호도 없었답니다.

코르테스는 군대와 대포를 실은 함대를 준비시켰어요. 하지만 항해를 떠나기 직전, 벨라스케스는 코르테스의 탐욕을 의심하기 시작하며 코르테스의 임무를 취소시켰습니다. 그래도 코르테스는 막무가내로 항해를 떠났어요. 멕시코에 도달한 코르테스는 휘황찬란하게 부유했던 아즈텍 제국에 대한 지역민들의 이야기에 귀를 기울였어요. 코르테스는 적은 규모의 병력을 데리고 아즈텍의 수도였던 테노치티틀란을 향해 행군했어요. 그들이 수도에 도착하자 몬테수마 황제는 그들을 환영했지요.

스페인 사람들은 놀랐습니다. 테노치티틀란에는 스페인 세비야보다 더 많은 사람이 거주하고 있었어요. 도시의 건축물도 하나같이 세비야보다 크고 으리으리했지요. 건물과 사람들로부터 반짝이는 금은 코르테스와 그의 부하들의 혼을 빼앗았어요. 얼마 지나지 않아 코르테스는 몬테수마 황제를 인질로 잡고 몸값으로 제국의 금을 요구했답니다. 또한 스페인 왕에게 충성을 맹세하라고 아즈텍인들에게 명령했어요. 그뿐만 아니라 코르테스는 기독교 신을 아즈텍인들의 신으로 받아들이라고 지시했지요. 아즈텍인들은 몬테수마 황제의 자유를 되찾기 위해 항복했습니다.

이 쿠데타 중간에 스페인 쿠바 군대가 명령을 어긴 코르테스를 구속할 목적으로 해안에 도착했어요. 코르테스는 이 스페인 쿠바 군대를 급습하기 위해 해안으로 급히 돌아가야 했지요. 코르테스는 급습에 성공하고 다시 테노치티틀란으로 돌아왔습니다. 그러나 그때는 이미 몬테수마가 죽어 있었어요. 아마도 몬테수마는 그의 혈족에게 죽임을 당한 것이었겠지요. 아즈텍인들은 새로운 황제를 옹립하고 스페인에 대항했습니다. 인질인 몬테수마도 잃고, 수적으로도 적은 코르테스와 그의 군대는 정신없이 도망쳤습니다. 그 와중에 코르테스의 부하들 여럿이 무거운 갑옷을 입은 채 호수와 강에 빠져 익사하기도 했지요.

그런데 익사한 군인 중에는 천연두 바이러스 보균자가 있었습니다. 보균자 한 명으로도 아즈텍 사람들에게 천연두를 옮기기에는 충분했어요. 후퇴하고 2년 뒤, 코르테스는 군인 몇백 명을 이끌고 다시 테노치티틀란으로 진군했습니다. 코르테스는 먼저 도시를 포위한 뒤 안으로 진격해 들어갔지요. 하지만 이때는 도시 인구의 절반이 이미 천연두로 인해 사망한 상태였습니다. 코르테스의 기록자인 베르날 디아스는 다음과 같이 기록했어요. "가택과 연못 안의 울타리들이 머리와 시체로 가득 차 있었습니다. 나는 이 묘사 그대로가 사실임을 엄숙히 맹세합니다. 우리는 죽은 원주민들의 몸통이나 머리를 건드리지 않고는 걸을 수조차 없었습니다."

아즈텍 제국은 무너졌고, 더 많은 스페인 사람이 금을 찾아 신세계로 몰렸어요. 그러면서 유럽 질병의 파도가 차례차례 그곳으로 몰려 들어왔지요. 천연두, 인플루엔자, 홍역, 성홍열, 흑사병까지요. 전염병들은 정복자들의 행로를 빠르게 넘어섰어요. 전염병들은 미시시피 유역을 따라 올라가고 남미 지역으로 내려갔지요. 코르

테스와 스페인 사람들은 그 많은 사람이 전염병으로 죽어가는 것을 신의 뜻이었다고 믿었어요. 사실은 북미 원주민들에게 유럽 질병에 대한 내성이 없었기 때문에 일어난 참사일 뿐이었지만요.

북미 원주민들은 1만 년 이상 유럽과 아시아로부터 동떨어져 지내왔었어요. 마지막 빙하기 말에 시베리아와 알래스카 사이를 다리처럼 연결하던 육지가 침수되면서 신세계인 북미 지역이 구세계로부터 떨어져 나갔으니까요. 북미 원주민들은 자신들만의 문명을 개척했으며 가축을 아주 조금밖에 키우지 않았기 때문에 전염성 질병에도 적게 걸렸습니다. 유럽인들의 경우, 성인층 인구가 천연두에 대한 높은 내성을 보였어요. 반면 북미 원주민들은 천연두에 대한 내성이 전혀 없었지요.

테노치티틀란의 몰락으로부터 13년 후, 스페인인 프란시스코 피사로가 페루에 있는 잉카의 수도인 쿠스코로 진군했습니다. 그러나 피사로가 입성하기 전에 천연두는 이미 잉카 도시의 주민을 학살하고 있었어요. 천연두는 산불이 타 들어가듯 멕시코와 페루 사이에 있던 수천 마일의 땅을 가로질렀어요. 그리고 그 길목에 있던 수많은 마을 공동체를 황폐화시켰지요. 강력했던 잉카제국은 천연두의 횡포 앞에 몰락하고 있었습니다. 그 덕에 피사로는 몇백 명의 부하만 데리고도 잉카제국을 약탈할 수 있었지요. 쇠사슬에 묶인 황제는 피사로를 향해 비아냥거렸어요. "스페인 사람들은 금을 먹어치우나?" 피사로는 그렇다고, 먹어 치운다고 대답했어요. 피사로는 금을 얻었습니다. 피사로가 약삭빠르고 비정한 정복자였기 때문만이 아니라 천연두가 잉카인들을 대량으로 학살했기 때문에 가능했던 일이었어요.

다음 100여 년 동안 영국인, 미국인, 네덜란드인, 포루투갈인들이 신세계에 자리 잡았어요. 그러면서 이들 또한 신세계에 질병을 퍼뜨렸지요. 영국에서 출발한 청교도들은 매사추세츠 주와 코네티컷 주에 도착했어요. 청교도들이 도착하고 몇 세대가 지나자 나라간세트족과 모호크족 원주민 10명당 9명이 천연두, 백일해, 홍역, 인플루엔자 또는 발진티푸스에 걸려 사망했습니다. 청교도들은 거의 죽지 않았기에 자신들은 신으로부터 축복받

천연두와 생물 무기

코르테스가 애초부터 미국에 천연두를 퍼뜨릴 의도를 갖고 있지는 않았겠지요. 그러나 유럽인 중에는 고의로 천연두를 퍼뜨리려고 한 사람도 있었답니다. 1763년, 식민지 지배를 두고 프랑스와 영국 사이에서 7년전쟁이 벌어졌습니다. 이 7년전쟁 중 영국군 총사령관 제프리 암허스트 경은 프랑스와 동맹을 맺은 북미 원주민들을 천연두에 감염시키라는 지시를 내렸습니다. 영국군은 활성기 천연두 궤양의 고름을 담요에 묻혔습니다. 그리고 그 담요를 원주민들에게 선물이라며 나눠주었지요. 이 비열한 계략은 성공을 거두었습니다. 수많은 북미 원주민이 사망했고, 영국은 결국 전쟁에서 승리했지요.

았다고 생각했지요. 1645년에 이르자 오늘날 온타리오 주에 있던 거대한 국가인 웬다트의 인구가 절반으로 줄었어요. 그 이유는 주로 천연두 때문이었으나 성홍열, 인플루엔자 및 홍역도 영향을 줬지요. 이 질병들은 예수회 목사들과 모피 무역상들에 의해 웬다트 국가 내로 퍼졌어요. 이런 식의 이야기들이 신세계에서 무한 반복됐어요. 이후에는 남태평양 지역에서도 같은 일들이 일어났지요.

1776년, 미국 독립전쟁 기간에 천연두가 다시 불붙었어요. 전쟁으로 사람들의 이동이 빈번해졌기 때문이었지요. 전쟁이 끝나자 천연두는 태평양 해안까지 도달했어요. 아마도 천연두는 지역민들의 무역로를 따라 퍼졌던 것이겠지요. 그리하여 천연두는 유럽인들에게 알려지지 않은 마을공동체들의 주민들까지 대량으로 죽였습니다. 영국 왕립 해군 소속 조지 밴쿠버 탐험대장이 태평양 남서부 지역을 1792년에 탐험했어요. 밴쿠버 대장은 그 지역에서 충분한 양의 연어와 신선한 물을 찾을 수 있었지요. 하지만 인간의 해골이 여기저기 흩어져 폐허가 된 마을들도 함께 발견할 수 있었어요. 얼마 전 참사가 벌어졌었다는 증거였지요. 바로 천연두의 흔적이었습니다.

콜럼버스와 코르테스 그리고 피사로가 해안에 도착했을 때, 북미와 남미 지역에는 수많은 사람들이 살았습니다. 하지만 그로부터 300년 후, 고작 천만 명도 안 되는 사람만이 살아남았습니다.

접종, 백신주사, 박멸

인도의 힌두인들은 2,000년 전에 천연두를 억제하는 방법을 발견했습니다. 낡은 기록들에는 브라마 수도승들이 한 번도 천연두에 걸려본 적 없는 사람들의 피부에 상처를 내서는 그 상처에 건조시킨 천연두 딱지 조각들을 문지르면서 시골을 순회하는 모습이 묘사되어 있답니다. 1,000년 뒤 중국에서는 회복기에 접어든 천연두 환자들로부터 얻은 천연두 딱지를 사람들이 가루로 만들어 들이마시면서 자가 접종을 했지요. 두 방법 모두 인체에 적은 양의 바이러스를 전달시키지만 그 결과로 초래되는 질병 증상들은 비교적 가벼운 편이었어요. 접종된 사람들을 일시적으로 격리시키면 질병이 다른 사람에게 퍼질 염려도 없었지요. 하지만 왜 이 방법이 효과가 있는지에 대해서는 아무도 몰랐어요. 오로지 효과가 있다는 사실만을 알 뿐이었지요. 그래도 이 방법은 서서히 아시아, 아프리카, 터키까지 퍼져 나갔습니다.

1715년, 영국의 아름다운 귀부인 메리 워틀리 몬터규가 26세에 천연두에 걸렸어요. 메리 귀부인은 살아남았어요. 그러나 메리 귀부인의 스물두 살짜리 남동생은 그러지 못했지요. 메리 귀부인은 더는 아름답지 않았어요. 거울에 비친 얼굴에는 팬 상처들과 속눈썹이 하나도 없는 눈꺼풀이 있었지요. 그런데 메리 귀부인은 남편을 따라 터키로 여행하던 중, 이곳에서 접종을 발견했어요. 메리 귀부인은 접종 과정을 상세히 연구했어요. 그리고 이 방법에 너무나도 감명을 받아 네 살배기 어린 딸에게 접종을 시켰지요. 그 뒤 몇 년 동안 메리 귀부인은 웨일즈 공주에게 아이들을 접종시키도록 설득했지요. 메리 귀부인과 접종 과정의 지지자들은 이것을 우두접종

Variolation이라고 불렀습니다. 천연두의 의학 용어이기도 한 'Variola'에서 파생한 명칭이었지요. 이들은 접종이 널리 퍼지기를 바랐어요.

얼추 비슷한 시기에 매사추세츠 주 보스턴에서는 코튼 매더 목사가 그의 흑인 노예 오네시모를 통해 접종에 대해 알게 됐어요. 목사는 자신의 환자들을 접종하도록 현지 의사를 설득했어요. 그렇게 목사와 의사는 힘을 합쳤고, 그 결과 천연두가 창궐하던 1722년에 약 250명의 보스턴 주민을 보호할 수 있었지요.

메리 귀부인과 매더 목사의 성공이 있었지만 접종은 빠르게 대중화되지 못했어요. 영국과 미국 식민지의 현지 정책 당국들은 접종 과정을 의심스럽게 생각했어요. 이 과정은 이론적으로 검증된 것도 아니었고, 항상 성공하는 것도 아니었으며, 심지어 병을 퍼뜨릴 위험을 감수하는 셈이었으니까요. 그러나 미국 독립전쟁 중 천연두가 살짝 머리를 들려고 하자 미국 초대 대통령인 조지 워싱턴이 미국군에게 접종을 시켰어요. 워싱턴은 천연두 전염병이 자신의 군대를 대학살 할 위험이 접종으로 감수할 위험을 넘어선다는 점을 이해했던 것이지요.

백신주사

1700년대 말, 영국 글로스터셔 주의 농부들은 우유 짜는 여성들이 항상 고운 외모를 갖고 있다는 점에 주목했어요. 대부분의 다른 여성은 얼굴이 천연두로 인해 곰보가 되어 있었는데도 말이지요. 우유 짜는 여성들은 젖을 제공하는 소들로부터 우두 질병을 옮는 것으로 알려져 있었어요. 우두는 천연두와 비슷하지만 천연두보다는 경미한 질병이랍니다. 우두 때문에 생긴 상처들은 곧 사라졌고, 우유 짜는 여성들은 우두로부터 회복한 뒤에는 한 번도 천연두에 걸리지 않았어요. 1774년, 도싯 주의 농부 벤자민 제스티는 아내와 아이들을 우두로 접종하기로 결심했습니다. 제스티는 이 접종이 가족들을 천연두로부터 보호해주기를 바랐어요. 우유 짜는 여성들처럼 말이에요. 제스티의 가족은 천연두가 창궐하는 한가운데 살면서도 천연두에 걸리지 않았습니다. 제스티는 마을 의사인 에드워드 제너에게 이 일을 알렸지요. 제너는 제스티의 가족이 겪은 사례를 연구해보기로 결심했어요. 제스티의 실험이 진행된 지 2년이 지난 후, 제너는 우유 짜는 여성의 팔목에 있던 우두 고름 액체를 채취했어요. 그러고 나서 제너는 제임스 필립스라는 소년의 피부에 우두 고름 액체를 문질렀어요. 그 뒤 제너는 필립스를 천연두에 반복적으로 노출시켰어요. 그럼에도 소년은 끄떡없었지요.

제너는 소를 지칭하는 프랑스어 '바슈vache'를 응용해서 이 과정을 백신주사vaccine라고 명명했어요. 시골 의사 제너는 자신의 연구 결과를 기록했어요. 그러나 제너의 기록은 런던 의학계가 무시했지요. 제너는 실험을 계속 진행했어요. 그 결과 백신주사의 최고 이점이 천연두를 퍼뜨릴 위험을 감수하지 않아도 된다는 사실이라는 점을 깨달았습니다. 영국 의사들은 의심이 많아 백신주사를 받아들이기까지 오래 걸렸어요. 제너의 실험으로부터 100년이 지나서야 과학자들은 접종과 백신주사가 효과가 있는 이유를 알아낼 수 있었어요.

그로부터 반세기가 지나서야 전자 현미경 덕분에 천연두 바이러스 입자를 분리할 수 있었습니다. 제너는 마침내 그 발견으로 명예를 얻고 상금도 받았어요. 제너가 실험 재료로 채취한 블로섬이라는 소의 엉덩이 부위는 아직까지도 런던병원의 도서관에 전시되어 있답니다.

박멸

1979년, 세계보건기구WHO는 '10년 계획'의 시행을 통해 아무리 외딴 곳이더라도 천연두가 보고된 모든 나라의 사람들에게 빠짐없이 백신을 접종시켜 천연두를 박멸했다고 선언했습니다. 마지막으로 천연두가 발병한 나라는 소말리아였어요.

퍼뜨린 자에게 되돌려 보내기: 매독과 괴혈병

유럽인들은 자신들의 질병을 신세계로 가져갔지요. 그러나 그 대가로 유럽인들이 되돌려 받은 것은 무엇이었을까요? 매독은 신세계의 첫 정복자들이 미국 땅으로부터 되돌아오자마자 유럽 전역으로 퍼진 질병입니다. 괴혈병은 첫 정복자를 뒤따르던 항해 선박들 안에서 탐험가들의 생명을 갉아먹었고요.

매독

매독은 성관계를 통해 전파되는 박테리아 질병이에요. 그 때문인지 매독에는 주로 남의 탓을 하는 이름이 붙어 있답니다. 이탈리아 사람들은 매독을 스페인 질병이라고 불렀어요. 영국 사람들은 매독을 프랑스 질병이라고 일컬었고요. 프랑스 사람들은 매독을 이탈리아 질병이라고 부르죠. 러시아 사람들은 매독을 폴란드 질병이라고 한답니다. 그리고 아랍 사람들은 매독을 기독교 질병이라고 불렀지요. 인도 사람들 사이에서는 매독이 외국인들의 질병으로 알려졌어요. 어쩌면 중국인들이 가장 정확하게 알고 있었을지도 모르겠네요. 중국인들은 매독을 쾌락 질병이라고 불렀으니까요.

매독의 증상은 끔찍해요. 매독에 걸리면 작은 알갱이 같은 첫 뾰루지가 감염 후

3주째에 생겨나지요. 이 뾰루지는 주로 박테리아가 몸에 침입한 장소에 발생하게 돼요. 보통 생식기에 자주 돋아나지요. 환자들이 뾰루지가 생긴 걸 모르고 지나갈 수도 있어요. 하지만 몇 주가 지나면 매독은 모습을 바꿔 환자들을 습격합니다. 이때쯤 되면 환자는 매독으로 인한 증상을 전신에 느끼게 되지요. 목구멍이 따끔거리고, 분비선들이 부어오르며, 두통이 생기고 피로를 느낍니다. 또한 머리카락이 듬성듬성 빠지고, 가려움을 동반하지 않는 발진이 손바닥과 발바닥에 나타나요. 그 뒤 매독으로 인한 증상은 차츰 사라집니다. 그리고 수년, 심지어 수십 년간 다시 발생하지 않을 수도 있지요.

하지만 그 뒤 발생하는 매독의 마지막 단계에서는 궤양이 코, 입술, 뼈, 생식기를 파고듭니다. 환자들은 죽기 전에 시력이나 신경학적 협동 능력을 잃어버리거나, 마비가 생기거나, 치매를 경험할 수도 있지요. 매독은 주로 성관계로 전파되지만, 어머니가 태아에게 매독을 전파할 수도 있어요. 다행스럽게도 오늘날 매독은 항생제로 치료할 수 있습니다.

매독이 구세계로 전파된 방법에 대한 다양한 이론들이 있어요. 그중 한 이야기는 1493년에 시작되지요. 1493년, 프랑스의 샤를 8세가 나폴리 왕국을 차지하기 위해 군대를 이끌고 이탈리아 반도를 따라 남쪽으로 진군했어요. 샤를 8세는 콜럼버스의 탐험을 갓 끝낸 스페인 군인들을 등용하여 그의 군대를 키웠지요. 이 스페인 군인들은 진군해간 곳마다 현지 여성들과 함께 즐거운 시간을 보냈고요. 그러면서 군인들은 신세계에서 감염된 매독균을 구세계의 여성들에게도 전파시켰어요. 매독은 빠르고 맹렬하게 퍼졌습니다. 왜냐하면 유럽인들에게는 매독에 대한 내성이 없었기 때문이죠. 결국, 샤를은 후퇴해야 했어요. 그리고 샤를 본인도 1498년에 매독으로 죽었습니다.

오늘날 몇몇 과학자들은 매독이 신세계에서 파생된 것이 아니라고 생각하고 있어요. 말기에 접어든 매독은 해골에 상흔을 남깁니다. 그러나 신세계 사람들의 해골들로부터 이러한 매독의 흔적을 발견할 수가 없었어요. 심지어는 영국의 한 수도원에 있는 유골에서 매독 특유의 상흔이 발견되기도 했지요. 이 매독 상처는 콜럼버스가 탐험을 나서기 70년 전에 생긴 것으로 추정되고 있어요. 음…… 이제 우리는 영국인들을 탓해야겠군요.

매독은 아마도 매종이 변이하여 성생활을 통해 전염되는 질병이 됐을 것입니다. 매종이란 고대 인류가 경험했던 질병으로 매독과 관련은 있으나 매독보다 좀 더 순한 질병이지요. 콜럼버스의 탐험과 샤를의 전쟁 중에 발생했던 빈번한 이동으로 인해 이 새로운 병이 구세계에 퍼졌을 가능성이 높지요.

괴혈병

콜럼버스는 자신의 탐험에 대한 이야기보따리를 잔뜩 싸들고 신대륙, 그러니까 미국에서 돌아왔어요. 그러자 유럽 곳곳에서 건강한 젊은 남성들이 나라에 충성하고, 새로운 소유로 주장할 땅들을 발견해서 보호하는 일에 자원했지요. 자원했던 수많은 선원은 모험, 새로운 세계가 줄 놀라움, 부의 가능성을 꿈꾸었습니다. 선원들은 나무 선박에서 폭풍우에 시달리거나, 항로를 잃거나, 난파당할 위험이 있다는 것쯤은 알고 있었어요. 그럼에도 선원들은 기지와 힘을 모아 위험과 맞설 도전을 고대했어요. 그야 물론 재미있겠지요! 하지만 바다 위에서 몇 달을 보낸 후 몇몇 선원들은 그들의 몸이 노동과 경험을 통해 더욱 강해지는 것이 아니라 근력이 약해지며, 일할 의욕조차 잃어버리고 있다는 것을 깨달았어요. 이런 선원들은 해먹 안에 기어들어가 쉬려고 하거나 심지어 죽기를 기다렸지요.

괴혈병은 피해자들을 아주 천천히 좀먹어요. 괴혈병의 첫 증상 중에는 우울증, 노곤함, 신체적 탈진이 있지요. 피해자들은 신체를 조절하는 능력을 잃어버리고, 피부는 쉽게 멍이 들며, 관절은 아프고, 손과 발은 부어버려요. 한 달 또는 그보다 좀 더 지나면 피해자의 잇몸이 스펀지 같아지면서 잇몸에서 피가 나고 치아가 빠져버리지요. 게다가 피해자들의 손톱과 머리카락도 함께 빠진답니다. 피부는 누레지고 고무 같아집니다. 피부 밑의 출혈들은 보라색 얼룩들을 남겨요. 골절된 뼈는 애써 붙여도 다시 벌어지고요. 옛 상처들도 훤히 열리면서 피가 나지요. 괴혈병의 마지막 단계에서는 빨리 일어나 앉는 단순한 행동만으로도 내부 장기가 찢어집니다. 그러면 환자는 내부 출혈로 사망할 수도 있지요.

어느덧 항해를 시작한 선박들의 갑판 밑 수면실은 병자로 채워져가기 시작했습니다. 마치 전염병이 퍼진 것 같았지요. 그러나 괴혈병은 전염되는 질병이 아닙니다. 비타민 C가 영양학적으로 부족하여 생기는 병이지요. 하지만 당시 사람들은 아무도 이 사실을 알지 못했어요.

아르코르브산, 그러니까 우리가 비타민 C라고 부르는 이 물질이 없다면 우리 몸은 단백질 콜라겐을 합성하지 못합니다. 단백질 콜라겐은 우리 조직과 뼈를 함께 묶어놓고 연결시키는 성분이에요. 비타민 C를 섭취할 수 있는 음식은 몇몇 신선한 음식들뿐이지요. 비타민 C는 레몬, 오렌지, 라임과 같은 과일과 시금치, 브로콜리 및 파슬리와 같은 야채 속에 고농도로 함유되어 있어요. 당시 선원들의 표준 식단은 비스킷과 익혀서 소금으로 간한 고기나 생선 그리고 맥주였어요. 이 표준 식단에는 비타민 C를 얻을 수 있는 음식이 하나도 없었지요.

포르투갈 탐험가들과 선원들은 1397년에 이미 레몬주스를 매일 몇 모금 마시는 것으로도 괴혈병을 예방할 수 있다는 사실을 알고 있었어요. 그러나 이 관습은 1600년대 초에 사라졌지요. 선장들은 미처 걸리지도 않은 질병에 대비한다는 예방이라는 개념을 말이 안 되는 소리라고 생각했어요. 특히나 비싼 레몬주스 값은 선장들의 몫이었으니 이 개념이 더욱 마음에 안 들었겠지요. 게다가 유럽 의사들은 한술 더 떠서 해묵은 이론인 체액론, 즉 황담즙, 흑담즙, 점액 그리고 혈액의 불균형 이론에 비추어 괴혈병의 치료법을 모색하고 있었습니다. 어떤 의사들은 식초를 마시면 괴혈병의 불균형을 바로잡을 수 있을 것이라고 생각했어요. 또 어떤 의사들은 대장을 비우기 위한 강력한 설사약 또는 '워드의 알약과 물약'을 권장했지요. '워드의 알약과 물약'은 엄청나게 땀이 나며 토하고 설사하게 만드는 특허 의약품이었어요. 다음 200년 동안 수만 명의 선원이 괴혈병으로 사망했답니다.

1747년, 제임스 린드라는 영국 선박 수술의가 솔즈베리 호를 타고 항해했어요. 솔즈베리 호는 영국해협을 순시하면서 스페인 배들을 공격하던 전함이었지요. 항해에 나선 선원 중 80명이 괴혈병에 걸려 심각하게 앓기까지는 그리 오래 걸리지 않았습니다. 린드는 가능성 있는 여섯 가지 괴혈병 치료법 중 어느 것이 효과가 있는지 확인하는 실험을 고안했어요. 그리고 이 괴혈병을 실험하기 위해 선장을 설득했지요. 선장은 놀랍게도 동의했어요. 그러나 선원들이 반대를 했지요. 상관없었어요! 린드는 매우 병약한 선원 12명의 해먹을 독립된 선실로 옮겨 걸어놨어요. 그리고 12명의 선원에게 같은 종류와 양의 음식을 공급했지요. 그 음식은 귀리죽, 수프, 비스킷, 보리, 쌀, 말린 커런트 열매, 건포도 그리고 와인 등이었어요. 선원들은 이 식단에 따라 식사를 해도 여전히 아팠어요. 그러자 린드는 선원들을 두 명씩 짝지었지요. 그리고 선원 짝마다 한 가지 종류의 '치료법'을 대입했어요. '치료법'들은 각각 사과주, 식초, 황산용액, 바닷물, 오렌지 2개와 레몬 1개, 마늘과 겨자와 타마린드로 만든 의약 연고였어요. 2주가 지나자 오렌지와 레몬을 먹었던 2명의 선원은 회복하여 다른 병자들을 간병하고 있었습니다. 사과주를 먹었던 2명도 전보다는 몸이 좋아졌으나 일을 하기에는 아직 허약했어요. 그 외의 다른 모든 선원들은 병이 더욱 깊어졌지요.

린드의 실험으로 감귤류 과일이 괴혈병의 특효약이라는 사실이 밝혀졌습니다. 하지만 린드의 권고를 따른 선장들은 아주 적었어요. 린드의 말을 따라 감귤류 과일을 처방한 선장들은 항해 중에 괴혈병을 극복할 수 있었어요. 태평양에서의 신세계 발견을 위해 탐험을 진행한 제임스 쿡 선장도 그들 중 하나였지요. 감귤류를 처방하지 않은 선장들은 전투를 포함한 다른 어떤 이유들보다 괴혈병 때문에 더 많은 선원을

잃게 됐습니다. 하지만 이 명백한 통계 결과는 무시당했어요.

의사이자 귀족이기도 했던 길버트 블레인 경은 전함 서펔 호의 제독과 친구 사이였어요. 길버트 블레인 경은 1793년, 그의 친구인 제독에게 동인도로 항해하는 동안 선원에게 매일 레몬주스를 먹이도록 설득했지요. 전함 서펔 호가 바다에 나선 지 23주가 지났지만 괴혈병은 어느 누구의 생명도 앗아가지 못했습니다. 블레인은 이 선례와 함께 괴혈병으로 인한 사망자와 적과의 전투로 생긴 사망자를 비교한 통계 자료를 준비했어요. 그리고 이 자료를 근거로 블레인은 영국 해군이 모든 장병을 위해 휴대식량으로 감귤류를 채택하도록 설득했답니다. 이러한 이유로 영국 해군에게는 '라이미즈'limeys라는 별명이 붙었어요.

캐나다 원주민들에게도 치료법이 있었다는 사실도 흥미롭지요. 프랑스 이주민들이 캐나다에 도착해서 겨울을 날 당시, 이주민들은 신선한 과일과 야채를 구하지 못해 괴혈병에 걸렸어요. 그러자 캐나다 원주민들이 자신들의 치료약을 이주민들에게 나눠주었지요. 그 치료법은 신선한 가문비나무 잎으로 만든 차였습니다. 가문비나무 잎은 레몬주스보다 비타민 C가 더욱 풍부해요! 가문비나무 잎차를 마신 사람들은 괴혈병이 싹 나았답니다.

흑토병으로 알려진 황열병

1793년, 스터빈스 퍼스가 아홉 살이었을 때 펜실베이니아 주 필라델피아 시의 주민 5,000명이 황열병으로 사망했습니다. 그로부터 9년 뒤 펜실베이니아 대학교의 젊은 의학도가 된 퍼스는 황열병이 전염되지 않는다는 것을 증명하려고 안간힘을 쓰고 있었지요. 먼저 퍼스는 황열병 병자의 간병인들이 황열병에 걸리지 않는다는 사실을 확인했습니다. 그래서 황열병이 다른 경로로 퍼질 것이라고 추측했어요.

황열병의 특징이면서 가장 인상적인 증상은 검은색 토입니다. 그래서 퍼스는 황열병 환자의 검은색 토로 뒤덮인 침대보를 덮고 잠을 자보기로 했어요. 그래도 그는 황열병에 걸리지 않았지요. 다음으로 퍼스는 자신의 팔에 상처를 낸 뒤 상처에 검은색 토를 발랐어요. 그래도 그는 황열병에 걸리지 않았지요. 퍼스는 검은색 토를 눈 안에 넣어봤습니다. 아무런 반응도 없었지요. 그러자 퍼스는 검은색 토를 데워서 그 김을 들이마셨어요. 이것도 황열병을 감염시키지 않았어요. 그 뒤 퍼스는 검은색 토를 먹었습니다. 여전히 그는 건강했어요. 계속해서 퍼스는 자신에게 황열병 환자의 피, 타액, 소변을 묻혔습니다. 거의 이판사판이었지요!

이렇게까지 하고도 계속 건강하자 퍼스는 황열병에는 전염성이 없다는 점이 증명됐다고 생각했어요. 그런데 간과할 수 없는 문제점이 한 가지 있었어요. 사람들이 퍼스의 이야기를 믿지 않았다는 점이지요. 그러나 퍼스는 옳았습니다. 오늘날 우리는 사람들이 황열병에 걸리는 이유가 다른 사람과의 접촉 때문이 아니라 이집트 숲모기 종의 감염된 모기에게 물려서라는 사실을 알고 있답니다.

황열병은 환자의 간을 공격해 황달을 유발해요. 황달은 피부가 노랗게 변하는 증상이에요. 환자들은 고열, 두통, 등과 다리 통증 그리고 심각한 구토 증상을 경험하지요. 환자의 위장 안에서는 출혈이 발생해요. 이 피는 위장 안에서 어두운 색으로 변하기 때문에 구토를 하게 되면 검은색을 띠게 됩니다. 그래서 오랜 시간 동안 사람들은 이 질병을 흑토병이라고 불렀지요.

황열병은 아마도 아프리카에서 기원해서 노예선을 통해 대서양을 건너 신세계에 도달했을 것입니다. 천연두와 그 외의 다른 구세계 질병들은 너무나도 많은 북미 원주민을 학살했지요. 그동안 커피 · 사탕수수 재배 농장의 소유자들은 아프리카 사람들을 데리고 와서 농장에서 등골 빠지는 노동을 시켰어요. 더군다나 돈도 주지 않는 노예 노동 착취였어요.

황열병을 퍼뜨리는 모기들은 생수통에 알을 낳음으로써 항해 중인 선박에서 살아남을 수 있어요. 이렇게 모기들은 바다 위에서 몇 세대씩 활개를 칠 수 있었지요. 그러면서 아픈 선원들의 피로부터 바이러스를 얻고 난 뒤 배 위의 다른 희생자에게 바이러스를 전달했어요. 결국에는 모기와 환자 모두 배에서 내리면서 병을 퍼뜨리게 됩니다. 모기들은 추운 지방의 겨울에 죽어요. 미국 북부나 캐나다와 같은 지역에서 말이지요. 그러나 따뜻한 지방에서는 모기들이 1년 내내 돌아다니지요.

곧 신세계에서 무시무시한 질병이 창궐하기 시작했습니다. 황열병이라는 이 질병은 자메이카, 쿠바, 아이티 섬, 동쪽 해안선을 따라 있는 항구 도시들을 거쳐 캐나다 퀘벡 시까지 도달했어요. 그 과정에서 북미 원주민, 유럽인 그리고 아시아인들이 수없이 죽어나가야 했지요. 하지만 얄궂게도 노예선에서 갓 내린 아프리카인들은 질병에 대한 내성이 좀 더 있는 듯했어요. 그래서 잔인하게 꼬여버린 운명에 따라 아프리카인들의 노예무역이 늘어났지요. 1802년, 노예 생활을 참다못한 아이티 섬의 노예들이 프랑스 농장 소유주들에 대항하여 반란을 일으켰어요. 그러나 나폴레옹 보나파르트의 군대는 노예들로부터 섬을 되찾지 못했지요. 너무나 많은 군인이 황열병으로 죽은 탓이었어요.

그다음 해에 프랑스는 루이지애나 주를 미국에 팔아야 했습니다. 루이지애나 주 뉴올리언스 시에서 엄청난 수의 식민지 주민들이 황열병으로 사망했기 때문이지요. 파나마 운하를 건설하려는 프랑스의 계획도 1893년 22,000명의 노동자가 사망한 뒤에는 중단될 수밖에 없었어요. 프랑스인들은 노동자들을 벌레로부터 보호하기 위해 그들의 침대 다리를 물속에 담가보았어요. 안타깝게도 이 행위는 모기가 알을 낳을 수 있는 최적의 서식지만 제공하는 꼴이 됐지요. 이 방법은 사망자 수를 증가시키기만 했답니다!

황열병이 처음으로 신대륙의 동쪽 해안선에 등장했을 때, 사람들은 병든 굴, 죽은 물고기의 악취, 뇌우, 지진, 신을 믿지 않는 것 등을 원인으로 들었어요. 아무 이유나 갖다 댔던 것이지요! 사람들은 생석회나 석탄 가루를 거리에 뿌리고 모닥불을 피워 황열병을 예방하려고 시도했어요. 피를 빼거나, 얼음물 속에 몸을 담그거나, 레모네이드를 마시면 황열병이 나을지도 모른다고 생각했지요. 어떤 사람들은 황열병이 선박과 조선소 주변에서 대개 발견되지만 육지로 이동하지 않는 듯한 현상을 발견했어요. 또 어떤 사람들은 퍼스의 주장처럼 병자들의 간병인이 항상 황열병에 걸리는 것은 아니라는 점을 인지하기 시작했지요. 이 사람들은 황열병이 전염성이 없다는 사실을 깨달았어요.

카를로스 핀라이는 쿠바 출신의 의사였어요. 퍼스가 실험을 한 지 80년이 지났을 때, 핀라이는 모기가 황열병을 전파시킬지도 모른다고 주장했어요. 핀라이는 104회의 실험을 수행했지요. 실험에 지원한 사람들은 황열병 환자를 물었던 모기들에게 노출됐어요. 그러나 지원자 중 어느 누구도 병에 걸리지 않아 핀라이의 가설을 증명하진 못했지요.

월터 리드 박사는 미국 육군 소령이자 의사였어요. 1900년 쿠바에서 리드는 핀라이의 연구를 참고하여 또 한 번의 실험을 시도했어요. 리드는 모기들이 병에 감염되어 지원자들에게 노출되기까지의 시간 간격을 늘렸습니다. 그리고 이 실험의 지원자들이 황열병에 걸리는 것을 확인했어요. 리드의 연구는 미국의 신문 사설에서 '바보 같다'는 평가를 받았답니다. 리드는 자신의 가설을 증명하기 위해 또 다른 실험을 고안했어요.

리드는 지원자들을 3개의 통제 구역에 배치했어요. 첫 번째 구역의 지원자들은 검은색 토로 뒤덮인 침대시트 위에서 황열병 환자들이 입어서 때에 찌들어버린 잠옷을 입고 자야 했어요. 두 번째 구역에는 최근에 황열병 환자들을 물었던 모기들을 풀어놨어요. 세 번째 통제 구역의 지원자들은 모기나 때 묻은 잠옷 없이 지냈어요. 그러자 모기에 노출이 된 지원자들만 황열병에 걸렸지요. 얼룩진 잠옷을 입고 흑색 토로 뒤덮인 침대에서 잠을 잤던 지원자들은 이런 식으로 63일간 격리되어 지냈습니다. 그런데도 이들은 병에 걸리지 않았어요!

리드는 황열병에 대한 치료 방법을 제시하지는 못했어요. 그러나 모기를 막으면 황열병을 예방할 수 있다는 사실을 보여줬지요. 리드의 발견 덕분에 미국인들은 황열병의 피해 없이 1914년에 파나마 운하를 완공할 수 있었답니다.

막스 타일러는 뉴욕에서 근무하는 남아프리카인 바이러스 학자였어요. 타일러는 드디어 황열병에 대한 완벽한 백신을 개발했습니다. 타일러는 이 연구로 1951년에 노벨 의학상을 수상했지요. 여기서 질문 하나만 할게요. 왜 퍼스는 자신의 팔에 상처를 내고 열린 상흔에 검은색 토를 묻혔는데도 황열병에 걸리지 않았을까요? 퍼스의 행동은 모기가 물면서 혈류에 바이러스를 주입하는 과정과 유사했어요. 과학자들은 죽어가는 황열병 환자의 구토 안에 살아 있는 바이러스가 얼마 없었을 것이라고 추정합니다. 퍼스는 대단히 운이 좋았던 것이지요!

미신 대 과학

1634년, 병을 잘 고친다고 소문난 나이 많은 여성이 있었습니다. 영국의 왕 찰스 1세는 이 여성이 어쩌면 마녀일 수도 있다고 의심했어요. 그래서 자신의 주치의인 윌리엄 하비에게 여성을 조사하라고 명령했어요. 하비는 마차를 타고 그 여성의 돼지우리 같은 집에 도달했습니다. 처음에는 그 여성이 하비를 집으로 들이지 않았어요. 그러나 하비는 자신이 마법사이며 그녀의 '퍼밀리어'를 만나고 싶다고 설명하면서 그녀를 회유하였습니다. '퍼밀리어'는 마녀를 돕는 초자연적 존재예요. 하비는 이 여성의 '퍼밀리어'가 고양이일 것이라고 추측했습니다. 여성은 의사의 매력과 예의 바르게 착용한 가발에 넘어갔어요. 여성은 문을 열고 의사를 찬장으로 안내했습니다. 찬장에서 뛰어나온 것은 두꺼비였어요. 나이 든 여성은 두꺼비에게 크림 한 접시를 먹였습니다. 하비는 여성에게 동전 하나를 쥐어주고는 동네 여관까지 가서 맥주를 좀 사 와달라고 부탁했어요. 여성이 허름한 집을 떠나자 하비는 두꺼비를 잡아서 배를 갈랐습니다. 두꺼비의 심장, 폐 그리고 내장을 관찰할 수 있었어요. 하비는 두꺼비가 초자연적이지 않은 평범한 두꺼비였을 뿐이라고 결론을 내렸습니다.
여성은 맥주를 들고 돌아와서 하비가 두꺼비를 죽인 것을 발견했어요. 여성은 소리치면서 하비를 세게 때리고, 가발을 잡아당기며, 얼굴을 손톱으로 할퀴었습니다. 하비는 상처와 멍으로 뒤덮인 상태로 마차를 타고 도망쳤습니다. 하비는 평범한 의사가 아니었습니다. 두꺼비를 해부하기 수년 전부터, 하비는 사람 신체의 심장 기능과 혈류 순환에 대한 글을 썼어요. 하비의 연구들은 의학 선배들의 가설들을 반박했습니다. 페르가몬 출신 갈레노스의 가설을 특히 부정했지요. 그래서 하비는 수많은 동료에게 무시당했습니다. 그러나 왕은 하비를 지지했어요. 그리고 마침내 미래 세대들도 하비를 따랐지요. 과학자였던 하비는 두꺼비가 초자연적인 존재가 아니라는 것을 증명하기 위해 위험을 무릅쓰고 두꺼비의 배를 갈라야 했습니다. 그러니까 하비가 살았던 시절은 의학 세계가 전통, 심지어 미신까지 따르던 입장과 과학적으로 실험된 관찰 결과를 따르는 입장 사이를 위태롭게 저울질하던 시대였던 거죠.

발견의 시대에 유럽인들은 신세계와 새로운 민족에 대한 발견에 열광했어요. 그러나 의학에서는 새로운 아이디어나 발견을 받아들이는 속도가 느렸지요. 대부분의 의사는 하비 같지 않았어요. 의사들은 대체로 체액론이라는 전통 이론을 굳게 믿었지요. 앞의 나이 든 여성처럼 의학계에 한쪽 발만 담그고 있던 일반 사람들은 미신을 바탕으로 시술을 행했어요. 그러나 과학적인 근거를 바탕으로 한 의학이 이 시절의 의학계를 몇 걸음 앞으로 전진시킨 것도 사실입니다. 예를 들어 천연두를 치료하려는 백신주사, 괴혈병에 대항하여 감귤류를 복용시키는 치료법을 받아들인 일들이 있지요. 몇몇 새로운 이론들도 이 시기에 생겨났어요. 그리고 그 이론들은 시간의 시험을 통과하여 대체의학이나 주류 의학 안에 살아남았지요.

그중 하나가 식물 특징 이론이에요. 17세기에 야콥 보메는 자연이 보여주는 패턴에 매혹됐답니다. 보메는 신체의 일부와 비슷하게 생긴 식물 부위를 신체의 불편한 증상들을 치료하는 데 응용할 수 있다고 주장했어요. 예를 들어 5월에 피는 화초의 간 모양 이파리들은 간질환을 치료하는 데 도움이 될 수 있고, 머릿속 뇌의 모습처럼 생긴 호두는 두통을 치료할 수 있다는 이론이지요. 이러한 이론들은 의학계를 잠시 흥분시켰어요. 오늘날 이 이론들은 여전히 약초를 의학에 도입하려는 허벌리스트들의 관심을 받고 있지요.

18세기에 사무엘 하네만은 동종 이론을 주장했어요. 그는 '비슷한 것'이 '비슷한 것'을 치유할 것이라고 했지요. 콧물을 흐르게 만드는 양파가 일반 감기도 치료할 수 있다는 주장이죠. 하네만의 이론과 의약품들은 오늘날 동종요법으로 발전했습니다.

16세기에 베로나의 지로라모 프라카스토로는 질병이 체액론과 아무런 연관성이 없다고 주장했어요. 프라카스토로는 질병이 씨앗의 형태로 신체를 침입한다는 가설을 제안했지요. 씨앗들이 신체에 침입한 후 증식하여 병을 일으킨다는 주장이었어요. 이 이론을 통해 프라카스토로는 서로 다른 질병에는 각기 다른 씨앗들이 있다는 생각에 이르게 됐어요.

이것이 세균에 대한 초창기 이론입니다. 프라카스토로는 질병을 예방하기 위해 개인과 공공의 위생을 권장했어요. 프라카스토로의 이론은 1675년까지 거의 무시당했어요. 하지만 1675년에 안토니 반 레벤후크가 이 씨앗들, 아니 세균들을 직접 볼 수 있을 정도로 강력한 현미경 렌즈를 개발했지요. 그의 이론을 증명할 수 있는 진짜 근거가 생긴 것이지요. 오늘날 프라카스토로의 이론은 과학적 근거를 바탕으로 한 주류 의학의 일부가 됐습니다.

조금씩 의사들은 전염병을 새로운 시각으로 보기 시작했어요. 오늘날 사람들이 의학 주제를 설명할 때 사용하는 일반 용어들을 사용하기 시작한 시기를 확인해보세요. 이로써 우리는 전염성 질환에 대한 현대적 이해가 느리게 진행된 과정을 추적할 수 있답니다.

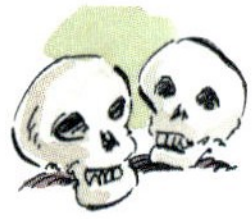
유행병, 기원전 400년경

전염성, 서기 1350년

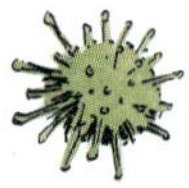
바이러스, 서기 1728년

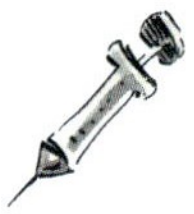
백신 접종, 서기 1786년

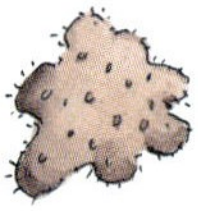
세균, 서기 1802년

원생동물, 서기 1818년

박테리아, 서기 1840년

미생물, 서기 1868년

면역력, 서기 1879년

05

산업시대

(서기 1800~1900년): 번영, 오염 그리고 세계적 유행병

콜레라: 물 마시다 죽다

"콜레라 치료 장치는 순조롭다. 전염병이 시작된 이래 150명 정도의 환자를 치료했다. 그중 5명은 사망했다. 우리는 장치 안으로 들어서는 길에 클로락스에 신발을 적시고 손도 고농도 클로락스 용액과 비누로 씻는다. 의사는 아이티 섬 사람이며 쿠바에서 훈련을 받았다. 의사는 콜레라가 공격하는 속도 및 콜레라가 우리를 얼마나 빠르게 탈수시킬 수 있는지 설명한다. 회복실에서 의사는 퇴원 준비를 하는 환자를 나에게 소개한다. '이틀 전에 그녀가 입원했습니다. 그녀는 울고 있었지만 탈수증이 너무 심해서 눈물이 안 나왔어요. 이제 그녀는 집으로 돌아갈 수 있게 됐습니다. 우리는 이 질병을 이겨내는 방법을 알고 있어요.'"

세이브더칠드런 최고경영자

데이비드 몰리의 일기 발췌문

2011년 01월 04일,

가스톤 마그론 공공 의료 서비스 센터에서

콜레라 박테리아는 꿈틀거리는 움직임 때문에 '비브리오콜레라'라는 이름을 얻었어요. 콜레라균은 재난과 빈곤이 충돌하는 곳에서 자연스럽게 발생합니다. 쓰나미와 함께 해안으로 들이치거나 난민캠프 혹은 빈민가를 주기적으로 습격하지요. 그리고 아이티 섬의 경우처럼 지진 이후에 오는 혼란 속에서 활개를 치기도 해요.

피해자들은 다른 콜레라 환자들의 대변으로 오염된 물을 마시거나 음식을 먹어서 콜레라에 전염됩니다. 콜레라는 감염된 뒤 병세가 진전되는 속도가 무척 빠르지요. 환자들은 설사로 인해 너무나 많은 수분을 잃어 두 시간 안에 사망할 수도 있어요. 치료받지 못한 환자들은 지끈지끈한 통증으로 제대로 움직이지 못합니다. 내장 내벽은 부식되어 지저분한 설거지물처럼 생긴 비린내 나는 점액변이 나오지요. 탈수와 염분 손실의 결과로 혈압이 떨어지고, 심박수가 빨라지며, 모세혈관이 터지고, 눈이 퀭해지며, 피부가 푸르뎅뎅하며 주름져요. 고통 속에서 환자들은 몸을 웅크리고 죽음을 맞습니다. 죽는 모양새는 주로 태아처럼 웅크린 자세를 띠지요.

콜레라는 아마도 인도의 벵골 만에서 기원했을 것입니다. 그리고 변화된 오늘날 환경 속에서도 살아남았지요. 콜레라는 고대에도 존재했다고 해요. 사람들이 농촌을 떠나 마을과 도시로 이주하자 콜레라는 전국적 유행병으로서 힘을 키울 수 있었지요. 캘커타와 같은 인도 도시들은 위생 수준이 낮고 인구는 포화 상태였어요. 결국 1817년, 인도 도시의 이런 상태가 콜레라의 첫 창궐을 불러왔지요.

콜레라 박테리아는 벵골 만의 요각류 갑각류 에 기생하고 있었어요. 그러던 중 태풍과 함께 콜레라균이 해안을 침입했지요. 먼저 콜레라균으로 지역 식수가 오염됐고, 그 뒤 콜레라가 전국적 유행병으로 퍼지기 시작했습니다. 이후 몇 년간 대략 1,500만 명의 인도인이 사망했어요.

어떻게 박테리아 하나가 이렇게 순식간에 퍼질 수 있을까요? 원인이 선박에 있었습니다. 선박들은 바다에서 안정감을 유지하기 위해 적당한 양의 물을 싣습니다. 이렇게 선박에 들이는 물을 밸러스트라고 부르지요. 선박들은 항해를 떠나기 전에 벵골 만에서 밸러스트를 채웠어요. 하지만 이 밸러스트가 미처 처리하지 못한 콜레라 환자들의 오물 속 콜레라균과 뒤섞여 버렸지요. 밸러스트는 항해 중 선박들이 일정한 흘수를 유지하며 갈 수 있게 도왔어요. 그러나 항해를 마친 선박이 밸러스트를 항구에 버리자 콜레라라는 새로운 질병이 폭풍처럼 퍼져나갔지요. 선박과 여행자들은 콜레라를 중동 전역, 유럽 그리고 그 너머까지 퍼뜨렸답니다. 이 전 세계적 유행병은 일곱 차례나 세계를 더 돌았지요. 매년 300만에서 500만 명의 사람이 콜레라에 걸렸습니다. 그리고 전 세계에서 10만 명 이상의 사람들이 콜레라로 사망했지요. 아이티 섬 지진이 발생한 뒤에도 거의 4,000명에 달하는 사람이 콜레라 때문에 생을 마감해야 했습니다.

콜레라는 예방할 수 있는 질병입니다. 콜레라가 시작하기 전에 멈추게 만드는 효과적인 콜레라 백신이 존재해요. 콜레라에 감염된 사람들의 경우, IV 수액과 항생제가 회복을 촉진시킬 수 있어요. 경구재수음료도 저렴하면서 만족스러운 치료법이에요. 경구재수음료는 위태위태한 10명의 환자 중 8명을 며칠 안으로 회복시켜 놓지요. 위급 상황에서는 멸균된 물, 설탕 그리고 소금만으로도 충분합니다. 그러나 전쟁이나 자연 재해로 인해 황폐화된 장소에서는 이런 단순한 재료조차 구하기 어려울 수 있어요. 그리고 병 포장된 경구재수음료를 구입할 여력이 없는 사람도 많습니다. 콜레라는 선진국에서는 거의 발견되지 않아요. 오히려 아이티 섬, 도미니카, 우간다, 짐바브웨와 같은 세계의 극빈국에서 상승세에 있지요.

이그나츠 젬멜와이스와 플로렌스 나이팅게일: 건강과 청결을 연결하다

이그나츠 젬멜와이스

당신은 썩어가는 시체 속에 손을 푹 집어넣고 맨손으로 주물주물 만져요. 그리고 손을 수건에 대충 닦아요. 그렇게 하고 나서 절대로 친구 다리에 있는 상처를 만지지는 않겠지요? 왜냐고요? 일단 당신은 장갑과 마스크를 착용했을 것입니다. 또한 부패한 무언가를 다룬 뒤 살아 있는 사람과 접촉하기 전에 손을 씻겠지요. 그렇다면 도대체 왜 1800년대 초기부터 중기까지 의사들은 시체를 해부한 뒤 중간에 비누 하나 사용하지 않고 옆방에서 아이를 받았을까요?

당시에는 의학계가 갓 태어난 아기와도 같았어요. 그래서 환자들을 관리하는 방법이 원시적이었지요. 질병 대부분의 원인을 이해하고 받아들이는 작업은 그때까지만 해도 먼 미래의 일이었어요. 의사들이 쓸 수 있는 기구도 적었고, 약물도 한정적이었습니다. 그래도 의사들은 최선을 다할 것을 맹세했지요. 대부분의 의사는 병원이나 다른 의사들 밑에서 견습생으로 훈련을 받았어요. 그 과정에서 견습 의사들은 스승의 신념과 기술을 배웠지요.

견습 의사가 선배에게 반박하는 일은 거의 없었습니다. 그래도 아주 가끔은 더 큰 그림을 볼 줄 아는 젊은 의사가 나타나서 지금에 와서는 명백해진 문제들을 확인하고 지적하기도 했답니다.

이그나츠 젬멜와이스도 그런 패기 있는 의사였지요. 젬멜와이스는 1840년대에 임신과 분만을 다루는 산과를 전공했어요. 그 뒤 오스트리아 빈에 있는 병원의 두 산과 병동에서 근무했습니다. 한 병동에서는 의사와 의학생들이 임산부를 관리했어

유행병 학자의 지도

영국인 의사 존 스노(1813~1858년)는 세계 최초의 유행병 학자입니다. 1854년 런던에서 콜레라가 발발하자, 스노는 사망자들이 살던 곳을 지도 위에 표시해 보았어요. 당시에는 규제를 받지 않는 민간 회사들이 펌프를 설치해 식수를 공급했습니다. 그런데 조사 결과, 대부분의 콜레라 환자가 오수 구덩이 근처의 얕은 우물 근처에서 살았다는 사실이 밝혀졌지요. '대로 펌프'는 이 오수 물을 지면으로 끌어올렸고요. 우물에서 먼 곳에 사는 환자들조차 평소 마시는 물을 '대로 펌프'에서 사들였다고 증언했습니다. 그 물이 맛이 좋았기 때문이었답니다! 스노는 우물에서 얻은 물을 현미경으로 관찰했고, 그 속에서 '흰 융모성 미립자들'을 확인할 수 있었지요. 그리고 이 미립자들을 콜레라와 연관 지어 생각했어요. 그는 나쁜 공기나 미아스마가 아니라 물을 마실 때 콜레라가 몸 안으로 침입한다고 추론했습니다. 스노 자신도 수많은 콜레라 환자를 치료했지만 한 번도 병에 걸리지 않았으니까요. 그리고 런던 당국에 자신이 발견한 연구 결과를 지도와 함께 보고했지요. 지도는 '유령 지도'로 알려졌습니다. 펌프의 손잡이는 없어졌고, 콜레라의 발발도 멈췄습니다. 이른바 예방의학의 시초였지요! 하지만 스노의 연구는 진지하게 받아들여지지 않았어요. 콜레라가 사라지자 펌프에는 다시 손잡이가 설치됐지요. 콜레라가 미아스마 탓이 아니라는 사실은 그 뒤 20년이 지나서야 받아들여졌습니다. 안전한 식수와 적절한 오수 처리를 통해 우리는 이 재앙을 영원히 사라지게 만들 수 있습니다.

요. 그리고 다른 병동에서는 산파와 산파 견습생들이 임산부를 관리했지요. 의사들은 시체 안치소와 산과 병동을 왕래했답니다. 반면 산파들은 살아 있는 환자 옆에만 붙어 있었어요. 산욕열은 출산 후 감염패혈증 때문에 생기는 열이에요. 이 산욕열로 인해 의사가 관리한 병동 환자들의 29퍼센트가 사망했지요. 그러나 산파가 관리한 병동에서는 3퍼센트의 환자들만이 산욕열로 사망했어요.

젬멜와이스는 설명이 필요 없는 이 상황을 받아들였어요. 그러나 젬멜와이스의 동료들은 자신들 때문에 환자들이 질병에 걸린다는 사실을 믿지 않으려고 했지요. 야콥 콜레츠카 교수는 고위 의사들 중 하나였어요. 1847년, 콜레츠카는 부검 중 손가락을 베이고 나서 산과 병동의 여성들과 똑같은 감염 증상을 보였지요. 콜레츠카가 사망하자 젬멜와이스는 이 단편적 사실들로부터 추론을 시작했어요. 그 결과 그는 분만 직전마다 클로락스 처리를 한 물로 손을 씻을 것을 주장했지요. 산욕열은 거의 하룻밤 사이에 사라졌어요.

젬멜와이스가 그 발견으로 영웅 대접을 받았을까요? 천만에요! 그 반대 상황이 벌어졌답니다. 젬멜와이스는 명백한 사실도 알지 못하는 동료들의 멍청함이 답답했어요. 그래서 빈을 떠나 고향인 헝가리 부다페스트로 돌아갔습니다. 또 다시 젬멜와이스는 부다페스트에 손 씻기를 도입했어요. 그 결과 부다페스트에서도 산욕열로 인한 사망자가 거의 사라졌지요. 하지만 젬멜와이스의 헝가리 동료들이 그의 논리에 반론을 제기했어요. 그로서는 울화병이 날 만한 상황이었지요. 그는 병원에 입원한 지 몇 주 지나서 패혈증으로 죽었어요. 젬멜와이스가 박멸하기 위해 연구해온 바로 그 감염으로 인해서 말이지요.

플로렌스 나이팅게일

젬멜와이스는 시대를 앞서가는 사람이었어요. 그러나 현대 간호학의 창시자 플로렌스 나이팅게일은 제대로 시대를 이끈 사람이었지요.

나이팅게일은 1820년에 부유한 영국 가정에서 태어났습니다. 나이팅게일의 앞에는 탄탄한 미래가 손짓하고 있었지요. 음악, 자수법 그리고 프랑스어를 배우는 상류층 교육, 댄스파티를 다니고 바닷가에서 휴가를 보내는 행복한 어린 시절, 적당한 결혼, 수많은 하인, 자녀들 그리고 여유로운 삶 말이에요. 나이팅게일은 주어진 삶의 길에서 벗어나 자신만의 삶을 눈부시게 개척했어요. 나이팅게일의 가족들은 그녀의 선택을 찬성하지 않았지요. 그러나 나이팅게일은 수학을 공부하고, 유럽으로 여행을 가고, 병원과 고아원에서 자원 봉사를 했답니다. 그 와중에도 나이팅게일은 이 모든 과정에서 얻은 경험들을 기록했어요.

나이팅게일은 감염에 대한 미아스마 이론을 믿었어요. 미아스마 이론은 나쁜 공

기가 질병을 유발한다는 이론이었지요. 또한 나이팅게일은 청결함에 대해서도 매우 꼼꼼히 신경을 썼어요. 나이팅게일은 1853년 '런던숙녀병원'에서 간호팀장을 맡았어요. 나이팅게일은 환자들이 지저분하고, 침대는 더러우며, 물은 부족하고, 영양마저 부실한 현실을 눈여겨보았지요. 나이팅게일은 변화를 줘야 한다고 주장했어요. 그리고 기본부터 시작했지요. 나이팅게일은 건강한 식사, 적절한 배관 작업, 깨끗한 빨래, 위생적인 붕대 그리고 환기를 지시했지요. 청결에 대한 높은 잣대가 감염을 감소시키고 회복을 촉진할 것이라고는 나이팅게일 자신도 예상하지 못했습니다.

플로렌스 나이팅게일은 1854년 크림전쟁 중 야전 병원에서 자신의 청결 관리법을 도입했어요. 여기서 나이팅게일은 램프를 든 '광명의 천사'라는 칭호를 얻었지요. 나이팅게일은 낮에 끊임없이 일했어요. 그러고도 밤에는 램프 불빛을 비추며 부상당한 병사들을 돌보았지요. 이런 과정으로 24시간 계속되는 간호법이 정립되었어요. 나이팅게일에게 방치란 있을 수 없는 일이었어요. 나이팅게일의 걸레, 비누 그리고 깨끗한 침대보 체제 도입 이전에 부상당한 사람은 절반 가까이 사망했습니다. 하지만 나이팅게일의 체제 실천 이후에는 환자 사망률이 2퍼센트로 떨어졌지요.

젬멜와이스와 같이 나이팅게일도 의학계는 물론이고 군대에서까지 받아들여지지 않았어요. 그러나 전쟁이 끝나자 나이팅게일의 업적은 고향인 영국에서 존경과 명예를 얻었습니다. 길이길이 남게 된 나이팅게일의 공헌은 1860년에 런던의 성토마스 병원 안에 세계의 첫 간호전문학교를 세운 것이었습니다. 오늘날에도 졸업하는 간호사들은 나이팅게일 선서를 해요. 그리고 매년 나이팅게일의 생일인 5월 12일에 국제 간호사의 날을 기념하지요.

결핵: 기침하고 침을 뱉는 것이 로맨틱하다고요?

엘리자베스는 문을 열기 전에 이미 뭔가 매우 잘못됐다는 것을 느꼈어요. 화요일 4시인데 아버지의 자동차가 집 앞에 주차되어 있었거든요. 그러다 부모님께서 슬퍼 보이는 표정으로 거실에 앉아 계시는 모습을 보자 마음속에 두려움이 돋아났어요. 누가 죽은 걸까?

어머니께서 설명하시기를 아버지께서 요양원에 가신다고 했어요. 요양원은 TB, 그러니까 결핵을 앓는 환자들만 입원시키는 병원이에요. 아버지께서는 약 1년간 다른 결핵 환자들과 함께 격리되신다고 합니다. 아버지께서는 병원에서 신선한 공기를 마시고, 영양가 있는 음식을 섭취하며, 공격적이고 광범위한 항생제 요법을 받으실 예정이라고 했어요. 놀랍게도 올해는 1963년입니다. 아버지는 참전하러 떠나시는 군인도 아니었고, 유죄 선고를 받은 범죄자로 감옥에 갇히는 것도 아니었습니다. 그러나 아버지께서 떠나실 것이라는 사실은 변함없었어요. 아버지께서는 최근 동유럽에서 이사 온 직장 동료로부터 결핵을 옮으셨어요. 그 동료는 어렸을 때 결핵에 걸렸지만, 수년간 결핵균은 휴면기 상태였습니다. 최근 결핵균이 조용히 활성기에 들어서서 그 동료가 병을 옮길 수 있게 됐습니다. 그 동료는 자신이 아프다는 사실을 인지하기 전에 엘리자베스의 아버지에게 결핵을 옮긴 것이었지요.

열두 살 미만의 어린이들은 면회를 금지당했습니다. 그러나 그 이후로 16개월 동안 매주 일요일마다 엘리자베스는 요양원 주차장의 자동차 안에 앉아 아버지께서 창문 앞에서 손 흔드시기를 기다렸어요. 아버지께서 퇴원하실 때 의사들은 설명했어요. 아버지께서 완치되셨으나 앞으로도 검사를 할 때마다 결핵 양성 반응을 보이실 것이라고요. 또한 의사들은 아버지의 흉부 방사선 촬영상 완치된 폐에 상처들이 확인될 것이라고 했어요. 아버지께서 완전히 회복하신 건 사실이지만 미래에 아버지의 결핵균이 언제든 다시 활성화될 수 있다는 사실을 의사들은 알고 있었습니다.

50년 전에는 결핵이 북미 지역과 선진국에 흔하지 않았어요. 피부 반응 검사로 결핵이 있는 환자들뿐만 아니라 증상이 없는 환자들까지도 정확히 가려낼 수 있었으니까요. 게다가 감염과 싸울 항생제도 있었고요. 피부 반응 검사와 항생제들은 무시무시한 결핵을 거의 소멸시켰답니다. 항생제가 개발되기 전에는 어땠을까요? 그때는 완전히 다른 상황이었지요!

결핵, 소모성 질환, 폐결핵……. 이 질병을 뭐라고 부르든 간에 그 전변 과정은 예상할 수 있습니다. 활성기 결핵에 걸렸지만 치료받지 못한 환자들은 천천히 고통스럽게 건강이 나빠지는 과정을 겪어요. 그리고 활성기 결핵 환자들은 대부분 사망하지요. 결핵 가운데 환자들의 증상이 매우 빠르게 전변하는 결핵도 있어요. 이렇게 빠르게 전변하는 결핵을 농마성 폐결핵이라고 불러요. 폐결핵은 가장 흔한 결핵의 형태에요. 폐결핵은 폐에 자리 잡아 환자에게 가벼운 감기처럼 스멀스멀 다가오지요. 그러다 한 번 기침이 시작되면 결핵균이 폐 조직 안으로 파고들어요. 환자가 피를 토해 올리면서 폐 조직의 일부가 가래 덩어리와 섞여 나오기 시작한다면 결핵균이 확실히 자리 잡은 것입니다. 발열, 가슴 통증, 야간 식은땀 그리고 오한이 신체로부터 활력을 빼앗아가요. 먹는 것이 힘들어지고 체중이 급격하게 감소하지요. 죽음에 다다를 때쯤 되면 환자는 겉으로 봤을 때 마치 해골 같아 보입니다. 환자 몸속의 폐는 역겨운 냄새가 나는 코티지 치즈처럼 바뀌어 있지요.

6,000~8,000년 전에, 사람들은 소를 사육했고 저온 살균하지 않은 우유를 마셨습니다우유를 저온 살균하지 않고 마셔도 결핵에 걸릴 수 있다는 사실이 오늘날 알려졌어요. 우리는 고대 인류의 유물에서 결핵의 흔적을 확인할 수 있지요. 투탕카멘 왕의 미라에서도 결핵의 흔적이 발견됐어요. 오늘날에도 전 세계의 결핵 사망자 수는 매년 300만 명에

달합니다. 결핵은 역대 사망 원인 중 1순위로 자리하고 있지요.

현대적 치료법이 생기기 전에는 사람들이 치유법이라고 일컫는 다양한 시도들을 실천했어요. 바닷가재를 잡아먹거나, 당나귀 젖을 마시거나, 오랜 항해를 떠나거나, 쇠똥을 태우면서 나는 연기를 들이마시거나, 기름에 튀긴 쥐를 먹어보기도 했지요. 외과의들도 함께 치료 방법을 찾아보려고 노력했어요. 외과의들은 시도한 방법들은 지나치게 파격적이었습니다. 일부러 폐가 쉴 수 있도록 폐 허탈을 유발하거나 늑골을 제거하는 등의 수술법들이었지요. 그러나 모두 소용이 없었습니다.

그래도 위대한 의학계의 두뇌들은 관찰을 하고, 가설을 세우며, 결핵의 비밀을 풀기 위해 노력했어요. 그때의 관찰과 가설들은 시간이 지나면서 결핵에 대한 우리의 이해를 도와주었지요. 고대 그리스 의사 히포크라테스는 이 질병을 프티시스phthisis라고 불렀어요. 프티시스는 '소모하다'라는 뜻이랍니다. 히포크라테스는 프티시스를 공기와 연관시켜 생각하면서 감염의 근원을 이해하는 데 한 발 더 다가갔어요. 그리고 기원전 384년에서 322년까지 살았던 그리스의 천재 아리스토텔레스는 프티시스가 한 사람에서 다른 사람에게로 옮겨질 수 있다고 정확히 짚어냈답니다.

서기 1650년에 이르러서야 독일의 해부학자 프란시스쿠스 실비우스가 결핵 때문에 사망한 사람들의 폐에 결절이 채워져 있다는 사실을 발견했어요. 결절이란 작은 단괴들을 일컫지요. 1865년에 프랑스 의사 장 앙투안 비예맹은 결핵이 유전적인 것이 아니라 전염성된다는 사실을 과학적으로 증명했습니다. 실험 과정 속에서 비예맹은 사람과 소의 결핵을 모두 토끼에게 옮겼어요. 하지만 비예맹의 동료 과학자들 대부분이 비예맹의 실험 결과를 무시했으며, 결핵 환자들을 일반 대중으로부터 격리시키는 것도 거부했어요. 이미 4명당 1명꼴로 결핵 때문에 사람들이 죽어가고 있었는데도 말이지요. 반면 폴란드에서는 이때쯤에 첫 결핵 요양병원이 생겼답니다.

1882년 3월 24일, 독일 세균학자 로버트 코흐가 사람들을 모아 강연을 했습니다. 이 강연 중 코흐는 자신이 결핵을 유발하는 박테리아를 분리시켰음을 발표하여 과학계에 큰 반향을 불러일으켰지요. 연단 위에서 코흐는 열정적으로 설명했어요.

"만약 인류 입장에서 질병이 초래하는 사상자 수를 기준으로 질병의 우선순위를 정한다면, 결핵은 대부분의 사람들이 두려워하는 전염성 질병이나 역병, 콜레라 등보다 훨씬 더 무겁게 여겨져야 할 것입니다."

코흐는 놀라워하는 관중을 불러 모았어요. 그리고 관중이 직접 현미경으로 샘플 슬라이드를 관찰하게 했지요. 코흐는 동료들이 자신의 주장을 흘려듣지 않기를 바랐어요. 그래서 슬라이드를 구체적인 증거 자료로 가져왔지요. 동료들이 직접 증거 자료를 두 눈으로 확인할 수 있게 하기 위해서였어요. 코흐는 결핵 백신을 개발하려고 시도했습니다. 그러나 성공하지는 못했지요. 코흐는 결핵균을 배양하고 멸균한 뒤 환자에게 주사했어요. 하지만 이 주사는 결핵을 예방하지 못했지요. 그래도 코흐의 연구는 귀중한 진단 도구의 토대를 마련했답니다. 바로 결핵 피부 반응 검사이지요. 결핵 피부 반응 검사는 오늘날에도 여전히 사용되고 있어요. 이 검사는 환자가 과거 결핵균에 노출된 적이 있었는지 여부를 판별합니다. 오늘날 전 세계에서 4명당 1명은 결핵 피부 반응 검사에서 양성 반응을 보이지요.

코흐의 연구는 도시의 위생이 개선되는 계기가 되었어요. 뉴욕 시는 1896년에 공공장소에서 침 뱉는 행위를 금지하여 결핵의 전염을 줄이고자 시도했지요. 그 결과 뉴욕은 위생 개선의 선두주자가 됐습니다. 결핵 박테리아는 재채기나 기침을 할 때, 노래를 부를 때, 웃는 도중 그리고 말하면서 발생하는 축축한 비말에서도 살아남을 수 있답니다. 코흐는 1905년에 결핵의 비밀을 푼 공헌을 인정받아 노벨상을 수상했어요. 그러나 결핵 치료법이 나타나기까지는 그 뒤로도 수년이 더 지나야 했지요. 결핵의 비밀이 완전히 밝혀지기까지 무려 40년 가까이 걸렸답니다.

1944년에 미국인 셀먼 왁스먼과 그가 지도하던 대학원생 알버트 샤츠가 결핵 박테리아를 죽이는 항생제 스트렙토마이신을 발견했습니다. 그러나 결핵은 쥐처럼 끈질기게 살아남았어요.

몇 년 지나지 않아 결핵 박테리아는 변이 및 진화를 했지요. 그래서 스트렙토마이신 단독으로는 결핵균을 죽일 수 없게 되었습니다. 그래서 사람들은 몇 개의 항생제를 섞어 혼합물을 만들어야 했지요. 이 항생제 혼합물을 개발하는 작업도 6개월 이상 걸렸어요.

그래도 결핵은 점점 사라지고 있었습니다. 결핵 환자의 수가 감소했어요. 한때 만원이었던 결핵 요양원들도 환자가 별로 없어 문을 닫게 되었지요. 현대 의학계는 결핵이라는 적을 드디어 물리쳤다고 생각했어요. 미국 서부 지역의 주 정부들도 예정되어 있던 결핵 관리 프로그램을 취소시켰지요. 하지만 1980년대 말에 결핵이 다시 찾아왔어요. 공격당한 사람들은 사회적 약자들이었지요. HIV 양성이었던 사람들, 정맥 주사 약물 사용자들, 감옥, 양로원, 인구 포화 도시의 동네 등 제한된 공간에서 살고 있던 사람들, 인디언 국립보호구역에서 살고 있던 대가족들이었어요.

누나부트 준주는 캐나다에서 가장 넓은 지역이에요. 이 누나부트 준주에서는 결핵 감염률이 캐나다 남부 지역에 비해 62배나 더 높았지요. 그래서 이곳의 몇몇 지방 자치제 당국들은 환자들이 장기 항생제 치료 과정을 끝까지 받도록 하는 장려책을 시행했어요. 환자들에게 공짜 햄버거나 감자튀김을 나눠주는 등의 지원 정책이었지요. 캐나다에서는 결핵을 치료할 수 있다고 가르치는 교육 만화책을 정부에서 출간하고 있어요.

엘리자베스와 같은 가족들은 결핵의 고통을 기억하지요. 병에 걸려 사랑하는 사람과 이별할 수밖에 없는 그 고통 말이에요. 과거에는 결핵이 사회 전반의 문제였어요. 그래서 누구든 결핵에 걸린 사람 한둘 쯤은 알고 있을 정도였지요. 당시 사람들은 결핵을 창의적 두뇌와 연관 지었답니다. 19세기와 20세기에 결핵으로 인해 많은 유명인이 세상을 떠났어요. 음악가 프레데릭 쇼팽, 시인 존 키츠, 미국의 전 영부인인 엘레노어 루즈벨트 그리고 영화배우 비비안 리 등이지요. 결핵의 무시무시한 증상들은 책, 오페라 및 영화에서 로맨틱하게 묘사됐습니다. 여주인공들은 말랐고, 뺨에 홍조를 띠었으며, 물기 어린 눈빛을 보였지요.

"실크 손수건에 대고 피를 토하면서 그녀는 사랑하는 이에게 키스를 날리고 마지막 숨을 거두었습니다."

루이 파스퇴르의 유산: 그의 실험실에서 병상까지

마들렌은 침대 위에 창백한 상태로 힘없이 누워 있었습니다. 침대 시트는 마들렌이 열병으로 흘린 식은땀으로 폭삭 젖어 있었어요. 어머니께서 마들렌의 겨자죽 찜질팩을 따뜻한 수건으로 닦아주셨습니다. 그러던 중 마들렌이 다시 기침을 하자 어머니께서 머리를 절레절레 흔들었어요. 마들렌은 확실히 건강이 악화됐어요. 마침내 마들렌의 부모님께서 의사를 모셔오기로 결정하셨습니다. 마들렌의 오빠 클로드는 마구간으로 뛰어가 조랑말을 타고 태양이 저물어가는 빛 속으로 흙길을 따라 달렸습니다. 다음 날 아침, 마차를 타고 의사가 도착했어요. 의사는 상인 출입구를 통해 들어와 부엌 뒤편에 코트를 걸었습니다.

마들렌의 숨이 가빠졌습니다. 의사는 왕진가방을 열어 내용물을 침대 위에 펼쳤어요. 토닉 두 병, 기침을 위한 영약 하나, 말린 약초 한 뭉치, 핀셋, 메스를 단단히 포장한 가죽 파우치 그리고 꿈틀거리는 거머리들이 들어 있는 유리병 하나가 있었어요. 마지막으로 의사는 가족들이 한 번도 본 적 없는 기구를 꺼냈지요. 그것은 빤짝빤짝한 새 청진기였어요.

1800년대 중반, 전 세계 사람들은 병에 걸리는 것을 두려워했어요. 당시 유럽 영아들의 절반 정도는 두 살이 되기 전에 사망했습니다. 만에 하나 남자아이가 열다섯 번째 생일을 맞이할 때까지 살아남았다면 그는 운이 좋은 편이었지요. 여성들은 대개 더 젊을 때, 주로 아이를 출산하면서 죽었어요. 마들렌처럼 환자들이 갑자기 고열이 나면 찬물로 스펀지 목욕을 시키고 허브차를 마시게 했지요. 감염된 편도선은 편도선 절단기라고 불리는 원시적 수술 도구로 제거됐어요. 수술의들은 손을 씻거나 도구들을 멸균시키지도 않았지요. 피를 흘리게 만드는 것이 병에 걸린 자들에게 통용되는 만병통치 치료법이자, 건강한 자들을 위한 질병 예방법이었어요. 한정된 지식과 자원으로 인해 의학 전공자들은 너무나도 알고 있는 것이 부족했습니다. 게다가 이들은 자신들이 얼마나 무지한지 가늠하지도 못하고 있었지요! 오늘날 그 무지했던 상황은 완전히 뒤집혔답니다. 파스퇴르가 연구를 통해 기초 토대를 잘 다진 덕분이었어요.

1822년 12월 27일, 루이 파스퇴르는 무두장이 집안에서 태어났습니다. 무두질이란 화학약품을 써서, 자연 상태에서는 부패하고 냄새가 나는 동물의 피부를 우리가 쓸 수 있는 가죽으로 다듬는 작업이에요. 그래서 그 가죽이 안장, 의자, 부츠 등의 형태로 오랜 시간 동안 쓸 수 있게 만드는 것이지요. 근면했던 파스퇴르의 가족은 파스퇴르에게 무두질은 정해진 단계를 착실히 따라 진행하는 것이 무엇보다 중요하다고 단단히 가르쳤어요. 이 가르침은 미래의 화학자 파스퇴르 속에서 훌륭한 재능을 만나 꽃을 피워냈지요.

훗날 화학 교수가 된 파스퇴르는 자신의 실험을 탐정의 수사 작업에 비유했어요. 미스터리로 시작해 점차 한 꺼풀씩 벗겨서, 파스퇴르는 결국 문제를 해결했지요. 파스퇴르의 면밀한 실험 방식은 다른 과학자들에게도 완벽의 기준을 높이게 했지요. 그런데 이러한 태도는 파스퇴르를 존경하는 사람들도 불러 모았지만 파스퇴르의 경쟁자들도 생겨나게 했어요. 파스퇴르는 '행운은 준비된 사람만을 돕는다'고 믿었답니다. 준비된 자세로 깨어 있는 사고를 하는 사람만이 운 좋게 발견도 한다는 뜻이지요.

1854년, 파스퇴르는 프랑스 스트라스부르대학교의 화학과 학장으로 재직하며 발효 과정을 발견했습니다. 발효란 부패하는 곡식이나 과일을 알코올로 바꾸는 화학 반응이에요. 파스퇴르의 발견 덕분에 맥주와 와인이 대량으로 생산될 수 있게 되었습니다. 또한 파스퇴르는 한 식초 제조사를 도와 근대즙 식초가 어째서 시큼해졌는지를 알아보기도 했습니다. 그 과정에서 파스퇴르는 현미경으로 식초를 관찰하여 작은 미생물들을 발견했지요.

파스퇴르는 근대즙을 끓여서 미생물들을 죽이고 즙을 멸균시켰어요. 저온살균법으로 알려진 이 과정은 훗날 음식 안전에 대변혁을 일으켰답니다. 저온살균법이 건강이나 전국적 유행병과 무슨 연관이 있냐고요? 우유의 저온살균은 상한 우유나 치즈를 먹어서 생기는 결핵이나 살모넬라균 감염 사례의 수를 크게 줄였습니다.

파스퇴르는 생물이 아무것도 없는 곳에서 저절로 생겨날 수 있다는 자연발생설을 믿지 않았어요. 자연발생설은 중세시대부터 받아들여진 이론이었습니다. 살아 있지 않은 물질로부터 생물을 창조하는 과정을 묘사하는 성경 속 이야기들이 자연발생설을 뒷받침했지요. 1600년대 중반에 자연발생설은 대중적으로 받아들여졌어요. 자연발생설의 대표적 근거로, 곡식이 담긴 들통 속에 땀에 절고 때 묻은 속옷을 21일간 방치하면 들통 안에서 갑자기 쥐가 나타난다는 것이 있었어요. 조금만 면밀히 관찰했어도 쥐들은 곡식을 먹기 위해 나타났으며 속옷은 쥐들에게 푹신한 침대

역할을 했다는 것쯤은 알 수 있었을 텐데 말이지요.

1745년에 영국인 존 니담이 진행한 실험은 자연발생설을 지지하는 또 다른 사례였어요. 니담은 닭 육수를 끓여서 모든 미생물을 죽였습니다. 그 뒤 육수를 뚜껑 없이 상온에 두었어요. 육수의 색이 혼탁해지자 니담은 "육수 속에서 새로운 생명이 나타났다."라고 주장했답니다. 생명이 나타났다는 사실이 자연발생설의 근거가 됐던 것이지요.

파스퇴르는 니담의 실험을 다시 진행하여 니담의 주장이 틀렸음을 입증했습니다. 이번 실험에서는 육수를 백조목형 플라스크 안에 담았어요. 그래서 미생물들이 멸균된 육수에 도달하지 못하게 만들었습니다. 자연발생설의 대안으로 파스퇴르는 '세균 이론'을 제기했어요. 파스퇴르는 질병을 유발하는 과학적인 원인이 미생물 또는 세균일 수 있다고 주장했답니다. 파스퇴르는 탄저병이나 광견병과 같이 치명적인 질병들을 유발하는 미생물들을 분리시키는 작업을 시작했어요. 이렇게 해서 파스퇴르는 치명적인 감염성 질병들이 번지는 현상을 예방하고자 했어요.

영국에서 온 에드워드 제너가 1774년에 첫 백신을 개발했어요. 그러나 제너는 그 백신이 왜 효과가 있었는지는 알지 못했지요. 백신의 수수께끼를 푼 사람은 파스퇴르였습니다. 그 뒤 파스퇴르는 백신이라는 발상을 다른 미생물에도 적용해봤어요. 파스퇴르의 독일인 라이벌 로버트 코흐는 가축들을 죽이는 탄저병 박테리아를 분리했어요. 파스퇴르는 코흐의 박테리아를 이용하여 백신을 개발했습니다. 그런 뒤 이 백신을 소와 양, 염소에게 시험해봤지요. 파스퇴르의 실험은 공공장소에서 진행됐어요. 모든 사람이 파스퇴르의 실험 진행 방법을 관람할 수 있게 했지요. 이렇게 해서 파스퇴르는 반대론자들이 실험 결과를 비판하기 어렵게 만들었어요.

이 실험에서 파스퇴르는 백신을 접종시킨 가축과 백신을 접종시키지 않은 가축들을 모두 배양된 탄저균에 노출시켰어요. 백신을 접종시킨 가축들은 생존했습니다. 반면 백신 없이 탄저균에 노출된 가축들만 죽었지요. 이 실험의 성공은 파스퇴르의 세균 이론을 뒷받침할 수 있는 추가적 근거 자료가 됐습니다.

광견병은 더 어려운 문제였어요. 이때까지의 광견병은 치명적이었지요. 파스퇴르는 그것이 바이러스 탓이라는 것을 알고 있었어요. 하지만 광견병 바이러스는 일반 현미경으로 관찰할 수 없었지요. 파스퇴르는 처음에는 토끼를 대상으로, 그다음에는 개를 대상으로 실험을 진행했어요. 그리고 이 실험들을 통해 광견병균의 배양 기간이 아주 길다는 사실을 알아냈습니다.

점차 광견병은 예방할 수 없다는 사실이 명백히 드러났어요. 그래도 파스퇴르는 백신으로 광견병을 치료할 수 있게 되기를 바랐지요. 파스퇴르는 약성의 강도가 점차 증가하는 백신 열네 가지를 고안했어요. 그 뒤 광견병에 감염된 동물들에게 2주 동안 매일 그 백신을 한 대씩 차례대로 주사했습니다. 파스퇴르가 예방접종한 동물들은 살았어요. 그 외의 동물들은 광견병으로 죽었지요. 아홉 살 소년 조셉 마이스터는 광견병에 걸린 개에게 열다섯 번이나 물렸답니다. 마이스터는 파스퇴르의 첫 인간 실험 대상자였어요. 1885년 6월이었습니다. 조셉의 의사는 조셉이 더는 살아날 희망이 없었다고 생각했습니다. 그래서 의사는 파스퇴르에게 조셉의 치료를 청해볼 것을 그의 가족들에게 권유했지요. 파스퇴르에게 의사 면허가 없었는데도 말이에요. 조셉은 파스퇴르의 실험실 개들과 똑같이 14일 동안 백신을 접종받았어요. 그리고 조셉은 완치되었어요.

오늘날, 우리가 키우는 애완동물들은 광견병 예방을 위해 백신을 맞습니다. 그리고 동물에게 물린 사람들은 여전히 고통스러운 주사 바늘들을 연달아 맞아서 광견병이 진행되지 못하게 예방합니다.

루이 파스퇴르의 유산은 파리의 파스퇴르 연구소에서 이어져 내려오고 있습니다. 이 연구소는 1887년에 파스퇴르와 그의 동료들이 전염성 질병들 및 그 백신들을 연구하는 실험실로 설립됐어요. 파스퇴르 연구소는 지금도 여전히 의학 및 과학 연구에서 국제적 중추 역할을 수행하고 있답니다.

06

항생제, 그 전과 그 후

제1차 세계대전과 스페인 독감

검시관의 보고

1918년, 12월 05일

이 22세 백인 남성은 병에 걸리기 전에 매우 건강했음.

임상병력

환자가 사망할 때까지의 환경 조건

·제1차 세계대전 후 프랑스에서 열린 휴전 기념행사에 참가. 그 뒤 군부대와 함께 기선을 타고 돌아옴. 1918년 11월 28일 자택 도착. 11월 30일 가벼운 독감 증상을 호소하며 군 의료원에 입원. 증상은 두통, 전신 근육통, 인후통, 어지럼증, 식욕저하, 39.7℃ 103.5℉ 의 발열.

·병원으로 이송됨. 기면증, 무기력증, 저맥파 증상 발현. 담당 의사들이 침상 안정과 수액 보충을

처방함. 환자가 마른기침 증상을 보임. 그러나 체온이 정상으로 돌아오면서 증상이 일시적으로 없어짐.

·12월 02일 갑작스럽게 재발. 열이 40℃ 104℉ 까지 갑자기 오름. 점액에 피가 섞인 기침 증상이 증가함. 거칠게 숨 쉬며 자주 질식함. 23시경 사망했음.

일반 소견

신체 외부 관찰 소견

·피부에 청색증이 보임. 특히 안면 피부가 심함 — 자색에 푸르스름하며 얼룩덜룩함.

·비강과 구강 내 거품을 형성한 점액에 마른 혈액이 섞여 있음.

·잦은 재채기와 코를 푸는 행위로 코 주변의 피부가 붉어지고 입술이 갈라짐.

신체 내부 관찰 소견

·대변이 가득 차 있음 — 탈수증의 증거임.

·폐에서 진행된 폐렴 증후들이 관찰됨 — 폐엽에 농이 차 있으며 모세혈관이 군데군데 터져 있음.

·폐가 부드러운 블랙베리 잼과 같은 점도를 보임. 일반 산소 흡입력이 심각하게 손상됐을 것으로 추정됨.

·독혈증 — 폐에 있던 박테리아가 혈류 전체를 완전히 감염시킴.

결론

환자는 심각한 독감에 걸려 사망했음. 스페인 독감 사례였을 가능성이 높음. 종전 기념 축제 중 또는 선박 내 좁은 장소에서 다른 군인들과 붙어 생활하다가 바이러스에 감염됐을 가능성이 있음. 사망 원인은 기도 폐쇄로, 기침하던 중 폐로부터 넘어온 체액에 의해 질식한 것임. 환자는 사망 시각에 전염성이 강했음. 환자가 아픈 동안에 그를 간병하던 자들은 물론, 환자가 아프기 수일 전에 환자와 함께 다니거나, 방을 함께 사용하거나, 함께 식사한 자들까지도 독감 증상이 발현하는지의 여부를 주의 깊게 관찰하도록 권장함.

제1차 세계대전의 마지막 해, 역사상 가장 심각한 유행성 독감이 전 세계를 강타했어요. 이 독감은 전쟁으로 죽은 사람보다 더 많은 수의 사람을 쓰러뜨렸지요. 사망자의 수는 2,100만 명에서 6,000만 명까지 광범위하게 추정되고 있습니다.

1918년의 유행성 독감은 주로 어린아이나 노인을 목표물로 삼던 '일반' 계절성 독감과 달랐어요. 이번 유행성 독감은 신체 건강한 2,30대 사람까지도 공격했거든요. 군인들은 무방비하게 독감에 걸릴 수밖에 없었습니다. 군 기지나 군용 선박, 전쟁 포로 수용소 및 참호 속에서 대규모로 모여 생활할 수밖에 없었기 때문이지요. 이번 독감은 독특했지요. 그 이름까지도요.

왜 스페인 독감이라고 불렀냐고요? 스페인은 이 독감에 크게 당했답니다. 다른 나라들도 스페인 언론을 통해 이 독감의 존재를 알게 됐어요. 그래서 이러한 이름이 붙게 됐지요. 배급제로 제공되는 음식, 연료 부족으로 차디찬 집, 있으나 마나 한 의료보험제도, 전쟁 상황이 이 끔찍한 독감 바이러스에게 이로운 환경을 제공했어요. 사망자 수가 너무 많아져서 관, 장의사, 무덤을 파는 일꾼이 부족해질 지경이었지요. 스페인은 중립 국가였습니다. 그러므로 독감으로 인한 영향과 사망자 수를 숨기지 않았어요. 하지만 전쟁에 참전한 국가들은 환자 수와 사망자 수를 비밀에 부쳤지요. 자신의 군인들이 약해졌다는 사실을 인정하고 싶지 않았기 때문이에요.

한동안 이 역병이 독일의 생물학 무기라는 소문으로 세상이 떠들썩했습니다. 그

러나 독감은 독일까지 침범해 들어갔죠. 곰곰이 따져보면, 스페인 독감은 추축국세2차 세계대전 때 연합군과 상대한 일본, 독일, 이탈리아를 말해요보다 연합국에 더 유리한 환경을 제공했습니다. 영국을 공격하려던 독일의 계획은 좌절됐어요. 너무나도 많은 독일군이 아파 누워 있거나, 죽어가고 있거나, 이미 죽었기 때문이었지요. 만약 각국의 정치인과 장군들이 독감으로 인한 자국의 피해 상황을 솔직하게 밝히며 전염병 퇴치에 협력했더라면 상황이 달라졌을까요?

사실을 말하자면, 꼭 좋아졌을 거라고 장담할 수는 없어요. 과학자들조차 질병의 근원을 찾지 못했으니까요. 당연히 효과적인 백신도 개발하지 못했지요. 이 독감은 전자현미경이 발명되기 전에 발발했어요. 그러한 이유로 과학자들은 말 그대로 무엇을 상대로 싸우고 있는지 전혀 보지 못했답니다. 이 특정 인플루엔자 바이러스는 너무나도 작았어요. 2만 개의 바이러스 미립자를 모아 바늘 머리에 올려놓을 수 있을 정도였지요.

오늘날 바이러스학자들과 미생물학자들은 또 다른 유행성 역병이 찾아올 것이라 추정하고 있습니다. 그렇기 때문에 전문가들은 여전히 스페인 독감에 대한 연구를 멈추지 않고 있어요. 과학자들은 스페인 독감이 그렇게 치명적이었던 이유를 밝혀내기 위해 지금도 낡은 실험실 슬라이드 및 시체들로부터 얻은 표본을 연구하고 있지요. 과학자들은 스페인 독감의 행태를 이해하면 다음에 찾아올 유행성 전염성 독감을 대비하거나 예방할 수 있을 것이라 기대하고 있답니다.

사람들은 수년 동안 1918년 캔자스 주의 군 주둔지에서 근무하던 요리사의 사례가 스페인 독감으로 확인된 첫 보고라고 알고 있었어요. 독감에 걸린 요리사가 배를 타고 유럽으로 이동하면서 독감도 함께 데려갔다는 주장이지요. 그러나 영국의 존 옥스퍼드 교수와 같은 바이러스 학자는 이 이론에 이의를 제기합니다. 이들은 이 요리사가 독감에 걸린 시기가 스페인 독감의 발발 이전이 아니라 이후, 그러니까 유럽 땅에서 스페인 독감의 두 번째 발발이 시작될 때쯤이라고 주장하고 있지요. 이에 더해, 옥스퍼드 교수는 1816년 프랑스에 있던 군 기지에서 스페인 독감과 동일한 독감이 돌았다는 사실을 발견했습니다. 그래서 옥스퍼드 교수는 기존 독감의 변이가 1918년의 독감을 더욱 강하게 만들었기 때문에 1918년의 독감이 그렇게 치명적이었던 것이라고 결론을 내렸어요.

소아기 질병들

"금을 밟으면, 네 엄마 등 부러질라. 선을 밟으면, 네 엄마 척추 나갈라."

1960년대 초, 페니는 친구 제이니제인 드레이크, 이 책의 저자 중 한 명에게 이 구절이 진짜라고 주장했어요. 그리고 제이니는 페니의 말을 믿었지요. 제이니는 이 노래를 읊으며 페니네 집 앞에 도달할 때까지 선이나 금이 없는 노면만 밟으며 인도를 깡총깡총 뛰어 내려갔습니다. 페니네 대문 앞에는 보건의료사무소에서 걸어 놓은 큰 표지판이 있었어요.

성홍열 경보

"현 부지는 보건부 관할 하에

격리되었습니다."

꼭대기 층의 창문 하나가 삐걱 소리를 내며 열렸어요. 그리고 페니가 그 창문 사이로 머리를 내밀며 손을 흔들었지요. 페니는 물론이고 그 집 안의 누구도 집 밖으로 나갈 수 없었어요. 페니의 여동생이 성홍열에 걸렸답니다. 그래서 페니 가족 모두는 일주일간 집 안에 갇혀 있어야 했어요. 강아지까지도요. 제이니는 묻고 싶은 것이 많았어요. 그래서 집까지 발을 쿵쿵 구르며 돌아갔어요. 금과 선들에 대해서는 까마득하게 잊어버린 채로요. 미신 따위에 신경 쓸 때가 아니었지요.

성홍열

50년 전, 당신의 조부모님이 어린아이였던 시절에는 성홍열과 같은 전염성 질환들이 주기적으로 가족 단위를 공격했어요. 그 뒤에 이 전염성 질환들은 산불처럼 동네 전체에 번졌지요. 학교들은 폐교되었어요. 아이들은 흔히 심각한 합병증을 일으켰으며 죽기도 했답니다.

항생제가 발명되기 이전의 사람들은 성홍열이라고 진단받는 것을 두려워했어요 성홍열은 패혈성 인후염을 유발하는 균과 동일한 박테리아에 감염되는 질병이에요. 성홍열로 인해 아프기 시작한 대부분의 아이는 몇 주간 컨디션이 심각하게 나빠졌어요. 왜냐하면 아이들은 인후통, 화농한 편도, 꺼풀이 벗겨지는 피부, 오한, 구토, 지끈거림과 통증을 견뎌야 했기 때문이지요. 몸에는 발진이 나타났어요. 발진들은 병명 속 '성홍'의 이미지를 강렬하게 드러내는 붉은색의 사포 같은 발진이었지요. 그 발진들은 2주에서 3주간 계속된답니다. 대부분의 환자는 이 상태까지 가면 호전되기 시작합니다. 그러나 몇몇 사례에서는 감염 증상이 귀, 부비동 또는 가슴 부위까지 번지죠. 그러면 회복이 더뎌지고 몸은 더욱 고통스러워집니다.

일부 사람들은 병세가 더 심해져 폐렴, 뇌수막염, 신장이나 간 질환을 겪기도 합니다. 여기까지 이르면 병치레는 더욱 길어집니다. 경우에 따라 사망할 수도 있지요. 여전히 이유는 밝혀내지 못했지만, 성홍열 박테리아는 세월이 지나면서 점차 약해졌어요. 성홍열은 더는 우리에게 옛날과 같은 타격을 주지 못합니다. 항생제 및 기민한 보건소 직원들 덕분에 요새는 성홍열의 발병이 드물어요. 그래도 완전히 사라지지는 않았지요.

홍역

MMR은 홍역measles, 볼거리mumps 그리고 풍진rubella에 대한 백신 혼합물의 두음문자랍니다. MMR은 수백만 명의 생명을 구하고 불필요한 질병의 발생을 줄였어요. 또 MMR은 수도 없이 많았던 학교 결석 일수를 획기적으로 줄여놓았어요. 45세 미만인 사람은 대부분 어렸을 때 이 백신 주사를 맞았습니다.

몇몇 어른들은 홍역에 걸려 집에서 앓았던 추억에 대한 향수를 갖고 있을지도 모르지요. 학교에 가지 않고 집에서 보낸 시간들, 이를테면 하드 아이스크림, 생강차,

엄마와의 정겨운 대화, 대낮에 보는 텔레비전……. 어른들이 향수를 느낄 만도 하겠지요? 하지만 홍역은 해마다 여전히 2,000만 건의 사례가 발생하는 심각한 세계적 질병이랍니다.

세계보건기구WHO에서는 5세 미만의 유아들을 죽이는 상위 5개의 질병 중 하나로 홍역을 꼽았어요. 2008년에는 5세 미만의 유아 18명이 매 시간 사망하기도 했으니까요. 그래도 이 전염성 높은 바이러스는 백신으로 예방할 수 있어요.

홍역에 걸리면 어떻게 될까요? 우선 환자들은 일주일이 넘도록 홍역 바이러스의 배양 기간을 겪어요. 그 뒤에는 병에 걸렸다는 것을 알 수 있을 정도로 확연한 증상을 보이기 시작하지요. 가장 명백한 증상은 발진입니다. 홍역 발진은 머리에서 시작해서 향후 일주일간 체간을 타고 내려오며 퍼져요. 어떨 때는 입 안에서 발진이 나타나는 경우도 있습니다. 중심부가 희푸른 작고 빨간 반점들이지요. 이 반점들을 코플릭 반점이라고 부릅니다. 1896년 이 반점들을 처음으로 기록한 헨리 코플릭의 이름을 딴 것이에요.

홍역에 걸린 몇몇 사람들은 무시무시한 합병증을 보입니다. 탈수증, 설사, 뇌염뇌의 부종 또는 폐렴 등이지요. 드물게는 홍역에서 회복한 환자가 청각을 잃거나, 시각을 잃거나, 정신지체가 되는 경우도 있어요. 이러니까 당연히 세계보건기구, 유니세프UNICEF 및 여타 단체들이 홍역을 전 세계에서 박멸하기 위해 앞장서고 있지요. 지난 10년간 이러한 단체들은 아프리카와 아시아에 있는 수백만 명의 아이에게 예방접종을 시켰답니다. 그 결실로 홍역 감염률은 곤두박질치고 있어요.

그러나 홍역은 여전히 북미 지역을 공격할 가능성이 있습니다. 2010년 10월에는 캐나다 온타리오 주의 작은 마을 신문에 다음과 같은 표제가 실렸어요. "공중보건 당국 경고문 발표: 우드스탁 시내의 가게, 홍역에 노출되다."

도대체 어떻게 된 일일까요? 알고 보니 다른 나라에서 온 방문자가 전염성 높은 홍역 바이러스에 감염된 채 우드스탁에 있는 장식품 가게를 찾아갔던 모양이에요. 그 방문자는 과거에 한 번도 예방주사를 맞지 않았답니다. 감염의 위험은 환자가 가게를 떠난 뒤에도 두 시간 정도 지속됐지요. 같은 시각 가게에 있던 사람 중 예방주사를 미처 맞지 못했거나, 예방주사를 한 번도 맞지 않았거나, 예방주사를 잘못 맞은 사람은 질병에 걸릴 가능성이 있었어요. 당시에 자신이 홍역에 노출됐다고 생각하는 사람들은 전형적인 홍역 발진이 나타나는지 관찰하라는 주의를 받았지요.

백신이 널리 퍼지기 전, 캐나다에서는 매년 30만 건의 홍역 사례가 보고되었어요. 그 사례들 중 5,000명은 병원에서 치료를 받았고 수백 명이 사망했지요. 브리튼 섬에서는 1998년 이래로 몇몇 부모들이 예방접종의 부작용에 대한 잘못된 정보를 입수했어요. 이 부모들은 자녀들에게 예방접종을 시키지 않았답니다. 지금 브리튼 섬에서는 매년 수천 건의 홍역 사례가 발생하고 있어요. 공중보건 당국의 대변인은 다음과 같이 기록했지요.

"홍역이 천연두처럼 지구상에서 완전히 그 자취를 감출 때까지 앞으로도 예방접종이 사람들을 홍역으로부터 보호해줄 가장 중요한 수단이 될 것입니다."

볼거리

MMR 중 중간에 있는 M자는 볼거리Mumphs를 뜻합니다. 이 책의 저자 중 한 명인 앤 러브는 저녁 식사 중 남동생이 "누나 목이 왜 그래?"라고 말했던 상황을 기억합니다. 남동생은 포크를 든 손으로 앤의 목을 가리켰어요. 평상시 남동생은 귀찮은 존재였지만 이번만큼은 남동생의 지적이 정확했습니다. 앤은 얼굴이 부은 것 같았고 으깬 감자를 삼키는 것도 힘들었어요.

볼거리는 1958년 봄 토론토를 돌고 있었어요. 아마도 앤은 같은 반 친구가 웃거나 재채기하거나 기침하면서 튄 비말 속 바이러스를 흡입했나 봅니다. 하긴, 바이러스를 앤에게 옮긴 사람이 누구였든 간에 그 사람은 별로 아파 보이지 않았을지도 몰라요. 그러나 앤은 볼거리에 심하게 걸렸어요. 곧 갑작스러운 고열이 났고, 식욕이 떨어졌으며, 구강 뒤쪽에서 침 분비를 담당하는 샘들이 부어서 아파졌어요. 앤의 남동생은 앤을 '람쥐'라고 놀렸지요. 다람쥐를 짧게 부른 것이었어요. 하지만 앤은 증상이 너무 고통스러워서 남동생의 놀림 따위는 신경 쓰지도 않았어요.

만약 앤이 볼거리를 남동생에게 옮겼다면 그의 고환이 부었을지도 몰라요. 그랬다면 남동생도 볼거리를 웃음거리로 생각하지 못했겠지요. 다른 심각한 합병증으로는 경련 및 뇌염과 척추염이 있을 수 있습니다. 앤은 남동생이 볼거리에 걸리지 않기를 바랐어요.

볼거리는 이제 어린 시절의 위협적인 존재가 아닙니다. 1967년, 미국 미생물학자 모리스 힐만은 효과적인 볼거리 백신을 개발하여 자국에 도입했어요. 오늘날, 예방주사를 그때그때 맞은 아이들은 볼거리에 걸리지 않습니다. 그리고 이것은 천만다행이랍니다. 왜냐하면 볼거리 치료법은 얼음찜질과 진통제밖에 없거든요!

풍진

독일 홍역이라고도 알려진 풍진은MMR 중 R이 Rubella, 즉 풍진을 뜻해요 일반 홍역보다 가벼운 질병이에요. 그러나 풍진도 비극적인 결과를 가져올 수 있지요. 풍진 바이러스에 면역이 없는 상태한 번도 풍진에 걸려본 적 없으면서 풍진 예방주사도 맞지 않았다는 것을 의미해요로 풍진 바이러스에 노출된 임산부들은 유산을 하거나 심각한 장애가 있는 아이를 출산할 수 있답니다. 풍진 감염은 처음에 감기나 독감과 비슷한 증상들을 보이며 시작돼요. 그러다가 하루나 이틀이 지나면 발진이 나타나지요.

백일해

콜록, 콜록, 헉, 켁! 바가지 어디에 있나요? 토합니다. 백일해도 감기와 비슷하게 시작돼요. 콧물이 흐르고 목 뒤쪽이 간질간질하며 미열이 나지요. 그다음에는 설사가 뒤따르고요. 마지막으로 환자는 가슴 깊숙한 곳에서 경련을 일으켜요. 너무나도 고통스럽게 기침을 해서 눈에 있는 모세혈관이 터지고 흰자위가 충혈되는 증상들도 견뎌야 하죠. 그런 고통이 무려 6주 동안이나 계속됩니다. 백일해의 영문 병명인 우핑커프Whooping cough는 환자가 기침발작을 한 후 심호흡을 할 때 나는 소리 때문에 붙여진 이름이에요우핑커프는 문자 그대로 '콜록 기침'을 뜻하거든요. 기침약은 이 박테리아 감염에 영향을 주지 못합니다. 항생제를 안 쓰면 백일해는 적어도 2주 동안 전염성을 띠지요. 대부분의 전염병은 항생제 치료를 24시간 받으면 전염성 전이를 멈출 수 있습니다. 그러나 백일해의 경우에는 항생제 치료를 5일 동안이나 받아야 전염성 전이가 멎어요. 그러고 보니 백일해가 빠른 속도로 유행성 전염병으로 변하는 것이 놀랍지도 않네요. 세계보건기구의 보고에 따르면 2008년에만 1,600만 명의 사람이 백일해에 걸렸으며 195,000명의 아이가 백일해로 사망했답니다. 마지막 백일해 사례가 보고되는 날이 언제쯤 올까요? 모든 사람이 예방접종을 받아서 백일해에 감염될 사람이 남아 있지 않을 때에나 가능하겠지요.

전염병은 대체로 전염성 강한 박테리아나 바이러스로 시작합니다. 거기에다 발진, 열병, 두통 그리고 기침을 더해보세요. 그러면 당신은 수많은 소아기 질병 중 아무거나 하나 얻어걸린 셈이에요. 시간이 지나면서 우리는 예방이 치료보다 낫다는 지혜를 배웠습니다.

항생제의 영향력

점심을 먹고 난 뒤 나는 책상에 앉아 뭔가 잘못 먹은 것이 아닐까 생각해봤다. 열감이 목과 얼굴로 올랐다. 그 직후 뒤틀리는 통증이 발생했다. 집에 차를 몰고 돌아가는 길에 나는 몇 차례나 차 문을 열고 길가에 구토했다. 오로지 침대에 눕고 싶다는 생각만 들었다. 마냥 공처럼 몸을 웅크린 자세로 잠이 들 수 있었으면 좋겠다는 생각뿐이었다.

그러나 통증은 점점 더 심해졌다. 외계인이 내 배 속을 침범한 것일까? 결국, 가족들이 나를 병원으로 급히 데리고 갔다. 한 젊은 의사가 응급실에서 내 복부를 촉진했다. 여의사의 찬 손이 내 배를 천천히 누르다가 재빠르게 떨어졌다. 눌렸던 뱃살이 다시 제자리로 튕겨져 오르면서 통증이 배꼽 아래와 오른쪽 부위로 집중됐다. 수술실로 나를 끌고 가는 도중 간호사가 의사에게 내 맹장이 터졌냐고 물었다.

이 책은 항생제가 없었다면 존재하지 못했을지도 모릅니다. 필자인 우리 모두 맹장이 터져 수술로 제거한 후 항생제 치료를 받았으니까요.

맹장은 창자에 붙어 있는 작은 기관입니다. 의사들은 맹장의 역할에 대해 의견 일치를 보지 못하고 있지요. 많은 의사들이 맹장은 실제로 인체 내에서 불필요하다고 여기고 있답니다. 이런 논쟁과는 별개로 맹장이 감염되어 터지면 배 속이 농으로 가득하게 된다는 사실을 우리는 잘 알고 있지요. 그 통증은 말로 표현할 수 없어요. 항생제가 없다면 감염이 진행되고 퍼져서 환자가 죽을 수도 있지요.

어릴 때 병에 걸렸던 경험을 떠올려보세요. 감염된 목구멍, 귀, 이 또는 상처 때문에 항생제를 먹어본 적이 있을 겁니다. 하지만 항생제가 없던 시절에 이러한 합병증들은 증상을 막론하고 지금보다 더 오래 앓아야 했어요. 경우에 따라서는 더욱 심각한 합병증을 유발하거나 심한 경우 죽음을 맞기도 했지요. 항생제는 인류의 역사를 통틀어 가장 중요한 약물일지도 모릅니다. 그리고 페니실린 항생제는 아마도 지금까지 발견된 항생제 중 가장 중요한 약물일 거예요.

페니실린을 처음 발견한 사람은 미생물학자인 알렉산더 플레밍입니다. 그는 꾸준한 연구와 실험 끝에 이 결실을 이루어냈지요. 하지만 플레밍이 어릴 적부터 연구에 미친 사람, 요즘 식으로 말해 과학 오타쿠였던 것은 아니었어요.

플레밍은 1881년, 농사를 짓는 스코틀랜드 대가족의 집에서 태어났습니다. 거기서 작은 마을의 학교를 다니다가 1895년에는 영국 런던으로 이주했지요. 그때까지 플레밍은 과학에 그리 큰 흥미가 없었다고 합니다. 솔직히 말해, 플레밍은 대학교를 2년 동안 다니면서도 흥미를 끄는 분야를 발견하지 못했어요. 그래서 운송대리점 사원이 되어 직업 전선에 뛰어들었습니다. 하지만 4년간 일을 하고는 일에 대한 흥미도 잃어버렸지요. 그래서 플레밍은 조금 물려받은 재산을 털어 의대에 입학했습니다.

여름방학 기간 중 한 번은 플레밍이 백신 선구자인 로스 라이트의 실험실에서 아르바이트를 했습니다. 그런데 이 실험실에서 쌓은 경험이 플레밍의 가슴 깊은 곳에 불을 질렀어요. 세균학과 면역학에 관심을 갖게 된 거지요! 플레밍은 수술의로 졸업을 했어요. 하지만 흥미를 느낀 분야는 전염성 질환 연구였답니다. 그는 다시 실험실로 돌아갔고, 그곳에서 일과의 대부분을 구부정한 자세로 현미경을 들여다보며 보냈어요. 드디어 플레밍이 과학 오타쿠가 된 것이지요!

플레밍은 제1차 세계대전 당시 라이트 실험실 동료들과 함께 최전방 병원에서 근무했어요. 거기서 참호전 중 부상당한 군인들의 신체 부위가 박테리아 감염으로 인해 썩어 들어가는 무시무시한 광경을 직접 보게 됐습니다. 플레밍은 무독성 소독제가 감염 예방용으로 굉장한 무기가 될 수 있을 것이라고 생각했어요. 플레밍과 동료들은 병사들의 상처들을 비교했습니다. 플레밍 일행은 표준 소독제로 세척을 시킨 상처가 알아서 치유되도록 내버려둔 상처보다 오히려 더디게 낫는 현상을 확인할 수 있었어요. 플레밍일행은 생생한 상처에서 흘러나오는 혈액과 맑은 액체를 분석했어요. 그 결과 액체 속에 박테리아를 먹어 치우는 백혈구, 즉 식세포들이 존재한다는 사실을 알게 됐답니다. 플레밍은 신체의 자가 회복 능력, 즉 백혈구의 작용이 소독제 때문에 무효화됐다는 사실을 발견했어요. 그래서 야전병원 의사들이 상처들을 소독제 대신 무독성 염용액으로 닦아내도록 설득하려고 했으나 실패했지요.

플레밍은 자신이 남들보다 출중하다고 생각하지 않았어요. 플레밍은 새로운 아이디어는 때때로 감을 따라가야 하며, 문제를 끝까지 붙들고 도전을 마다하지 않는 태도에서 결실을 맺는다고 믿었지요. 전쟁이 끝난 뒤, 플레밍은 다시 런던 실험실로 돌아갔습니다. 이번에는 다양한 형태의 분비물들을 연구했어요. 연구한 분비물로는 점액, 눈물, 농, 혈청 등이 있었지요. 플레밍은 가족과 친구들에게 재채기를 할 때 코와 입을 가렸던 휴지 그리고 다른 표본 샘플들까지 제공해달라고 부탁했어요. 모두가 플레밍의 끝없는 실험을 위한 것이었답니다.

플레밍은 신체가 본연의 자연 소독제를 분비한다는 사실을 발견했어요. 바로 수많은 나쁜 박테리아의 외벽을 무너뜨리는 효소이지요. 침, 눈물 및 여타 체액에서 발견된 이 효소를 플레밍은 소독용 용해소체라고 불렀어요. 플레밍은 이 효소라는 천연 소독제를 강한 세제로 씻어내기보다는 있는 그대로 사용하자고 주장했어요. 플레밍의 제안은 상처를 이해하는 길로 한 발 더 다가선 것이었지요.

플레밍의 실험실은 깔끔함과는 거리가 멀었어요. 그러나 정돈되지 않은 실험실 덕분에 플레밍의 가장 중대한 발견이 이루어질 수 있었답니다. 플레밍이 진행하던 실험 과정에는 포도상구균을 여러 샬레실험에 쓰는 납작한 원통형 유리병이지요. 안에서 배양하는 절차가 있었어요. 플레밍은 휴일에 쉬고 실험실에 돌아왔어요. 그런데 샬레들 중 하나만 제외하고 모두 포도상구균이 지나치게 자라 있었답니다. 균이 자라지 않은 샬레에서는 한때 박테리아가 있던 자리에 곰팡이만 홀로 배양되고 있었어요. 플레밍이 좀 더 정리정돈을 잘 하고

덜 관찰하는 사람이었다면, 이 샬레들을 모조리 버렸겠지요. 실험이 망했다면서 말이에요. 그러나 플레밍은 더욱 면밀히 관찰했어요. 그리고 박테리아를 죽일 수 있는 곰팡이를 발견했다는 사실을 깨닫고는 흥분에 빠져들었답니다.

처음에 플레밍은 이 곰팡이를 '곰팡이 주스'라고 불렀어요. 그리고 훗날 이를 페니실린이라고 명명했지요. 플레밍은 이렇게 말했어요. "1928년, 동트자마자 일어났을 때, 나는 세계의 첫 항생제 또는 박테리아 킬러를 발견해서 의학계 전체에 혁명을 가져오리라고는 추호도 계획하지 않았다. 그러나 나는 그것을 실현시켰던 것 같다." 플레밍은 향후 10년간 필요한 만큼의 충분한 곰팡이 주스를 생산하려고 고군분투했어요. 그러나 제약 회사들이 관심을 보이지 않자 플레밍은 좌절했습니다.

플레밍의 옥스퍼드 대학교 학우들이었던 하워드 플로리와 어네스트 보리스 체인은 페니실린이 쥐의 감염 증상을 치유한다는 것을 증명해보였어요. 그렇게 학우들은 페니실린의 가능성을 이어나갔습니다.

페니실린은 제2차 세계대전 중반쯤부터 다친 군인들에게도 보급되었어요. 이 새로운 기적의 약물은 팔다리를 잃거나 감염으로 인해 사망하는 군인들의 수를 감소시켰지요. 알렉산더 플레밍 경, 하워드 플로리 경, 어네스트 보리스 체인 경은 1945년 노벨 의학상을 공동 수상했답니다.

무시무시한 소아마비 전염병

1937년에는 온난한 날씨가 일찍 찾아왔어요. 당시에 엄청난 소아마비 전염병이 캐나다 토론토에 기세를 떨치기 시작했습니다. 우리 동네의 몇몇 아이는 소아 전문 병원으로 사라졌습니다. 저는 아직까지도 그때의 공포가 생각나요. 일간 신문에서는 헤드라인을 통해 아이들을 집 밖으로 내보내지 말라고 부모들에게 주의를 줬지요. 우리 어머니, 세이디 바넷께서는 그 권고 사항을 지나치게 심각히 따랐답니다. 우리는 친구와 노는 것을 엄격히 금지당했고, 손님이 오면 문을 여는 것도 허락받지 못했으며, 손을 자주 꼼꼼히 닦아야 했습니다. 부모님은 밤늦게까지 서로 소곤거렸어요. 그리고 우리 7명의 어린 남매는 벽에 귀를 대고 엿들었지요.

어느 날 저녁, 아버지께서 우리에게 시골로 이사를 가야 한다고 통보하셨습니다. 학기가 끝나고 여름방학이 찾아오기 전에 말이지요. 우리는 첫 서리가 내리는 날까지 시골에 있기로 했습니다. 우리 남매는 기뻐했어요. 그러나 아버지께서 버럭 화를 내셨기에 우리는 기분이 상했습니다. 우리 가족은 안전한 곳으로 피신할 수 있었어요. 아버지께서 우리가 다른 사람들보다 운이 좋다는 것을 상기시켜주셨습니다.

당시는 대공황 말기였습니다. 캐나다가 전 국민을 위한 보건의료제도를 마련하기 전이었어요. 부모들은 병원 진료비를 댈 능력이 없었지요. 그래서 부모들은 자녀들이 정말로 소아마비에 걸렸는지 확인된 뒤에야 의사를 찾았어요. 그러나 소아마비 증상은 분명하지 않으며 독감과 헛갈리기 쉬웠어요. 속이 미식거리고 머리가 아프고 근육통이 있는 등의 증상이었으니까요. 당시에는 소아마비에 대해 많이 알려지지 않은 상태였지요. 그러나 한 가지 분명한 사실이 있었어요. 일부 사례에서는 아이들이 마비가 되어 사지가 말라비틀어졌습니다. 또 어떤 경우에는 아이들이 목구멍에 경련이 나는 바람에 제대로 삼키거나, 심한 경우 숨도 쉬지 못했습니다. 저나 제 남매들 또래처럼 나이가 어릴수록 소아마비에 걸릴 가능성이 높다는 것도 우리는 알고 있었어요.

그 여름 오두막에서 지내던 시절은 세상과 동떨어진 느낌이었어요. 거의 매일 저는 조용한 시골길을 따라 걸어가 가장 가까운 마을에서 토론토 신문을 얻어왔습니다. 신문에는 수영장과 공원 들이 문을 닫았으며 극장이나 심지어 교회에서도 아이들의 출입을 금지한다는 보도가 있었습니다. 그리고 당국 관계자들은 어린이날에 캐나다 국제전시회를 열지 않겠다고 엄포를 놓았어요. 캐나다 국제

전시회는 토론토 연례 축제 중 어린이들이 관례적으로 경험해야 하는 행사였는데도 말이지요. 저희 남매는 오후마다 연못에서 수영을 하며 야외 생활을 즐겼어요. 저는 부모님께서 가족 격리를 결정하신 것이 기뻤습니다.

당시에는 소아마비에 대한 치료 방법이 없었어요. 신문에서는 의학 과학자들 사이에서 논쟁이 난무했지요. 일부 과학자들은 회복기 혈청회복기 혈청은 백신처럼 이미 감염을 경험하고 회복한 사람으로부터 획득한 혈청입니다이라는 액체로 병을 치료해야 한다고 주장했어요. 또 어떤 과학자들은 바이러스가 비강을 통해 신체로 침입하는 것을 콧구멍 스프레이로 막을 수 있다고 믿었지요. 결국, 두 의학 치료법 모두 효과가 없는 것으로 판명이 났어요.

오히려 '철의 폐'라고 불리는 인공호흡기가 도움이 되는 듯싶었습니다. 소아 전문 병원에 이런 기계가 하나 있었어요. 그리고 그해 여름 8월, 그 기계는 소아마비로 폐가 마비된 어린 소녀의 생명을 구했습니다. 또 한 명의 아이가 철의 폐를 필요로 하는 상태로 입원했어요. 그러자 소아 전문 병원에서는 조산아들을 위한 인공호흡기와 나무 상자를 이용하여 새로운 '폐'를 만들었어요. 이 폐는 '목재 폐'라고 불렀지요. 목재 폐의 효과는 성공적이었습니다. 그 결과가 너무나도 인상적이었던 나머지 병원 지하에서 더 많은 목재 폐를 만들었지요.

그 시기쯤 저는 두통, 발열, 목이 아프고 뻣뻣한 증상이 생겼습니다. 저는 어머니께 이 증상들을 알리지 않았어요. 이 사실을 아신다면 어머니께서는 오늘날 내 손자들의 표현을 빌어 '완전 흥분'하시며, 저를 침대에서 떠나지 못하게 만드셨을 것이 뻔했으니까요. 너무 더웠어요. 그리고 형, 빅터와 함께 수영하고 싶었지요. 그래서 저는 제 증상을 조용히 숨겼습니다. 며칠 새에 제 몸은 좋아졌어요.

5년 뒤 저는 의학대학교에 입학했습니다. 그제야 병이 든 대다수의 사람이 전염병이 도는 동안 자신이 전염병에 걸렸는지 모른다는 사실을 배웠습니다. 이런 사람들은 완전히 회복했으니까요. 제 대학교 학우들의 도움을 빌어, 저도 소아마비를 한 차례 겪었다는 신체적 증거들을 찾았습니다. 제

목 뒤에 쪼그라든 근육이 하나 있어요. 또 한쪽 상완에도 약해진 근육 하나가 있습니다. 아마 이러한 이유로 저는 고등학교 때 야구팀에 합격하지 못했던 것일 테지요.

— 헨리 바넷

우리들은 소아마비에 대해 더 많이 알아보고자 했어요. 그래서 우리들의 아버지, 헨리를 인터뷰하여 소아마비에 걸린 이야기를 들었습니다. 헨리는 지금 90세예요. 헨리는 과거를 되돌아보며 자신의 운이 굉장히 좋았다는 것을 실감합니다. 특히 헨리의 친구이자 같은 반 학우였던 휴 맥밀란 박사와 비교하면 말이지요. 맥밀란은 29세에 심한 소아마비에 걸렸거든요. 이는 헨리가 소아마비에 걸린 시점으로부터 13년이 지났을 때였어요. 휴 맥밀란 박사의 사모님은 1950년에 소아마비로 입원했어요. 입원 기간 동안 휴는 충실히 사모님의 병문안을 다녔답니다. 휴 자신도 소아마비에 걸려서 쓰러지기 전까지는요. 사모님은 완쾌했으나 휴는 마비 증세가 생겼어요. 휴는 목 아래를 움직일 수 없게 됐지요. 휴의 상태상 철의 폐 기계가 필요했습니다. 휴는 이를 악물고 노력하며 비싼 치료를 받았어요. 그 결과 휴는 운동 능력을 조금 회복할 수 있었습니다. 그리고 휴는 특수 흔들의자와 개구리 호흡을 통해 점차 철의 폐 없이 시간을 보내는 것이 가능해졌어요. 개구리 호흡이란 인두咽頭의 근육과 혀를 사용해 공기를 단숨에 삼키는 기술이랍니다. 휴는 자신이 혼자서 생활할 수 있도록 돕는 도구들을 발명했습니다. 그 기저에는 가족과 친구들의 지지가 있었지요. 그 도구들 중에는 혼자서 카드놀이를 하거나, 전화를 하거나, 스스로 식사를 하는 것을 돕는 기계들도 있었어요. 생의 마지막 몇 해 동안 휴는 온타리오 장애아동센터에서 일하면서 장애아들에게 훌륭한 본보기가 됐습니다. 휴는 1964년에 별세했

어요. 하지만 휴의 선례는 오늘날 수많은 신체 장애인에게 영감을 주고 있습니다.

프랭클린 루스벨트 대통령은 1921년 소아마비에 걸려 마비가 생겼습니다. 루스벨트는 1938년에 영유아기 마비자를 위한 국립재단National Foundation for Infantile Paralysis, NFIP을 설립했어요. NFIP는 첫 해부터 연례적으로 소아마비 구제 모금 행사를 열었습니다. 이 모금 행사는 '10센트의 행진'이라는 별칭이 붙었어요. 미국 대공황 시기 인기곡이었던 '친구, 10센트 하나 줄 수 있나?'로부터 유래된 별칭이었지요. 사람들은 성의껏 잔돈을 기부했어요. 1947년, NFIP에서 바이러스 연구를 전공한 미국 의사 조너스 소크를 고용했습니다. 소크는 소아마비를 집중적으로 연구했어요. 그 결과 그는 소아마비를 세 종류로 구분했습니다. 이 연구의 최종 목적은 소아마비 백신을 개발하는 것이었지요.

소아마비는 지속적으로 북미 지역을 괴롭혔어요. 주로 여름의 무더위 중에 발생해서 '여름 역병'이라고도 불렀답니다. 가장 심각한 소아마비는 1952년에 발발했어요. 이때 미국에서만 58,000건의 소아마비 사례가 보고됐지요. 같은 해, 소크의 실험실에서 소아마비 바이러스를 죽일 수 있는 백신이 개발됐어요. 소크는 이미 소아마비에 걸린 어린이들에게 먼저 백신을 시험했어요. 그러고 나서 본인과 아내와 자식들 그리고 자원 봉사자들에게도 접종했습니다. 이렇게 안정성과 효능이 증명된 백신은 그 뒤 전국적으로 100만 명이 넘는 아이에게 접종됐답니다. 그 결과는 놀라웠어요.

1957년, '10센트의 행진'에서는 미국의 모든 아이에게 면역력을 키워주자는 캠페인을 후원했어요. 그 해 소아마비 발병 사례의 수가 5,600건으로 떨어지고, 1964년에는 121건까지 감소했지요. 소아마비는 이겨낼 수 있는 질병이라는 사실이 명백해졌습니다. 소크는 자신의 발견에 특허를 신청하지 않았어요. 그렇게 해서 저렴해진 백신이 더 많은 사람에게 도움이 될 수 있기를 바랐던 것이지요.

2011년, 세계보건기구, 유니세프, 국제로터리클럽 그리고 빌과 멜린다 게이츠 재단빌 게이츠는 마이크로소프트의 창시자랍니다이 전 세계의 소아마비를 몰아내기 위한 마지막 공격의 선봉에 섰습니다. 아프리카와 인도에서 여전히 소아마비가 발병하기는 해요. 그러나 새로운 소아마비 환자가 정기적으로 진단되고 있는 국가들은 아프가니스탄과 파키스탄뿐이에요. 인도에서는 200~300만 명의 자원 봉사자가 가장 외떨어지고 빈곤한 지역사회의 주민들에게까지 백신주사를 접종시키기 위해 노력하고 있습니다. 자원 봉사자들은 그 소중한 액체를 쿨러에 보관해서 다니며 밝은 노란색 조끼를 입고 아이들과 어머니들에게 접근해요. 이들은 철도역, 시장, 길 위 등장소를 가리지 않고 백신을 놓을 아이들 찾아다니지요. 일단 한 번 백신주사를 맞은 아이는 손톱에 지워지지 않는 사인펜으로 표시를 남긴답니다.

뇌수막염

타일러가 방에 있는 모습을 아버지께서 발견하셨어요. 아버지께서 방의 불을 켜면서 물으셨지요.

"축구 시합은 어떻게 됐니?"

타일러는 짜증을 내며 소리쳤습니다.

"불 꺼요. 눈이 부셔서 아파요."

방은 구토 냄새가 진동했으며, 아들의 이마는 불타는 것처럼 뜨거웠어요. 아버지는 아들에게 계속 질문을 했습니다.

"언제부터 그랬니? 어디가 아파? 너희 팀원들 중에도 아픈 사람이 있었니?"

타일러는 두통이 있고 지금 자고 싶다는 얘기만 웅얼거렸어요. 말소리가 불분명했어요.

아버지께서는 침대 이불 밖에 나와 있는 타일러의 발을 보았습니다. 아버지의 마음은 걱정스러움에서 소름 끼치는 두려움으로 바뀌었어요. 타일러의 발목과 발가락 피부가 보라색으로 변해 얼룩덜룩했어요. 타일러의 발은 전반적으로 탱탱 부어 있었습니다. 아버지는 마음속으로 소리쳤습니다.

'119 불러! 이건 응급 상황이야!'

구급차가 도착할 때쯤 타일러는 의식을 잃어가고 있었어요. 구급대원인 제이크는 미리 응급실에 전화해서 타일러의 상태를 알렸습니다. 그 뒤 제이크는 타일러의 허벅지에 근육 내 항생제 주사를 머뭇거리지 않고 찔렀어요. 타일러의 맥박이 위험할 정도로 떨어졌어요. 제이크는 타일러에게 IV 주사를 주입하기 시작했습니다. 타일러는 패혈성 쇼크로 향하고 있었어요. 뇌수막염으로 인한 이런 급박한 상황에서는 매분 매초가 소중해요. 그래서 응급실 의료팀은 곧바로 초고속으로 움직이기 시작합니다. 먼저 응급조치 ABC 원칙기도, 호흡, 순환에 따라 상태를 확인해요. 기도가 열려 있고, 호흡이 가쁘고 빠르며, 순환심장 운동은 잘 안 되고 있어요. 즉시 IV 수액을 주입해요. 그러고 나서는 뇌의 부종을 줄이기 위해 스테로이드의 1차 주입량을 주사합니다. 다시 더 많은 항생제를 투여해요. 피부와 그 밑의 조직층이 사멸하기 전에 감염균을 잡아야 하니까요. 심박과 혈압 확인용 모니터를 달고……. 몇 시간 지나지 않아 타일러는 건강한 열여덟 살 청소년에서 심각하게 아픈 중환자실 환자로 변했어요. '독감이 시작되려나 보다' 하고 넘겼던 타일러의 증상들은 실제로 뇌척수막염균박테리아성 뇌수막염증이었답니다. 타일러는 전날 팀 동료의 물병을 빌렸었어요. 아마 그것 때문에 타일러는 뇌수막염에 걸렸을 것입니다.

타일러는 2주간 병원에서 지낼 예정이에요. 왼쪽 발가락 2개는 부분적으로 절단할 것입니다. 의사들이 발목과 다리를 들어 올리고 비틀면서 생긴 자국들은 상처로 남겠지요. 타일러의 회복은 느리고 고통스러웠어요. 그래도 타일러는 자신이 운이 좋았다고 생각했어요. 뇌 손상을 겪지는 않았으니까요. 타일러는 보고 듣는 데 이상이 없어요. 축구는 여전히 타일러가 주 종목으로 즐길 수 있는 스포츠랍니다.

누구나 뇌수막염에 걸릴 수 있어요. 하지만 영아원이나 유아원과 같은 환경에 놓인 한 살 미만의 아이들이나 병영 시설, 캠프장, 학교 식당 및 기숙사에 모여 있는 청소년들에게 발병할 가능성이 가장 높지요. 타일러의 경우 아이들이 팀으로 뭉쳐 다니면서 다닥다닥 붙어 버스를 함께 타고, 갈증이 나면 아무 물병이나 들고 마셨던 일들이 뇌수막염의 발병 무대를 마련했지요. 누구는 아플 동안 누구는 멀쩡한 것은 지금도 풀리지 않는 수수께끼예요. 만약 누군가가 정말로 병에 걸린다면 가장 좋은 공중위생학적 대응은 환자의 가족이나 환자와 가까이 지내는 사람들이 즉시 항생제 치료를 받도록 하는 것입니다. 백신은 뇌수막염의 가장 심각한 증상들 중 일부를 예방할 수 있어요. 그리고 몇몇 대학교와 캠프 프로그램에서는 방문자들이 오기 전에 예방접종을 요구합니다. 타일러가 아프기 전으로 되돌아갈 수만 있었더라면…….

뇌수막염은 뇌수막에 염증이 생기는 병입니다. 뇌수막은 뇌와 척수의 외부를 보호하는 섬세한 막이에요. 어떨 때는 곰팡이나 외상성 뇌손상, 수술 합병증으로 뇌수막염이 발생하는 경우도 있어요. 그러나 대개의 뇌수막염은 일반적인 감염으로 인해 시작됩니다. 미생물이 혈류를 타고 이동하여 뇌수막에 도달하는 것이지요. 뇌수막염은 우리 몸을 장악하면 순식간에 무시무시한 질병으로 변합니다. 바이러스성 뇌수막염은 이 질병의 가장 흔한 형태에요. 그래도 대부분의 사람은 장기간 겪어야 하는 부작용 없이 완전히 회복합니다.

이 질병은 바이러스이기 때문에 항생제가 듣지 않지요. 그 대신 환자들에게 수액과 진통제를 놓고 대략 열흘간 휴식하라는 처방을 내립니다. 드물지만 박테리아성 형태의 뇌수막염도 있습니다. 이 뇌수막염은 몹시 사납지요. 환자를 강력하고 빠르게 공격하며, 심지어 어떨 때는 환자를 하루 만에 사망에 이르게 만들어버리기도 합니다. 박테리아성 뇌수막염에 감염된 환자는 10명당 1명꼴로 사망합니다. 치료하지 않는 경우에는 50퍼센트 이상의 환자가 죽음을 맞이하지요.

바이러스성이든 박테리아성이든, 두 형태의 뇌수막염 모두 보이는 증상은 같습니다. 목이 뻣뻣해지고, 구토, 발열, 심각한 짜증, 무기력증, 식욕 상실, 갑작스럽고 찌르는 듯한 두통을 느끼지요. 이 단계에서 올바른 진단과 치료를 받는 것이 중요합니다. 의사들은 환자의 상태가 순식간에 악화되는 것을 보고 놀라서 검사 결과가 나오기도 전에 항생제 투여를 하기도 해요. 만약 환자가 박테리아성 뇌수막염에 걸

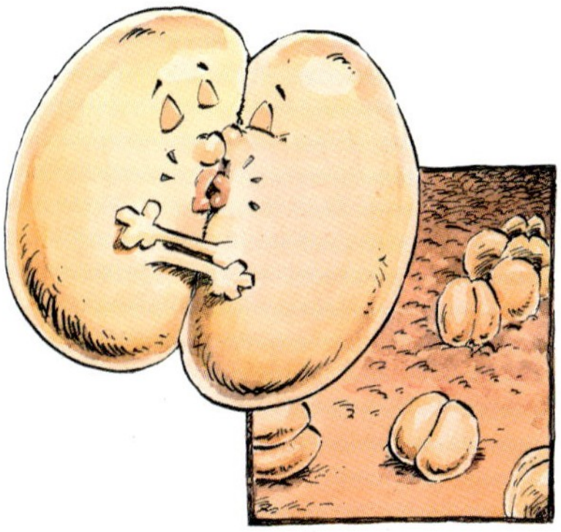

린 거라면 이 항생제가 박테리아성 뇌수막염이 신체에 초래하는 무자비한 손상을 멈출 수도 있으니까요. 심지어 이 약물로 환자의 생명까지 건질 수도 있어요.

두 개의 콩팥이 서로 키스하는 모양이 뇌수막염과 무슨 상관이 있을까요? 의학과 학생들은 수백 가지의 질병들을 공부하면서 그것들을 기억하려고 애를 쓰지요. 현미경으로 뇌척수염균 뇌수막염을 유발하는 박테리아를 관찰하면 두 콩팥이 서로 마주 보고 키스하는 모양과 비슷해요. 두 콩팥 몸체들은 흡사 작은 도넛 모양을 이루는 것 같지요. 그런데 뇌수막염은 이 질병에 걸린 사람과 키스를 하거나 매우 가까이 지내다가 옮을 수 있어요. 이제 당신도 뇌수막염을 잊어버리지 않겠지요?

아프리카 뇌막염의 띠

거친 폭풍우처럼, 뇌수막염도 전 세계에서 가장 저항 없는 지역을 찾았답니다. 이 지역은 동쪽의 에티오피아에서 시작하여 서쪽의 세네갈과 감비아까지 펼쳐져 있어요. 지속적으로 전쟁, 기아 및 빈곤으로 인해 대격변이 일어나는 먼지 많고 바람 강한 아프리카 지역이지요. 이곳을 뇌막염의 띠라고도 부릅니다. 이 지역에서는 뇌수막염이 발발하면 곧 유행성 전염병이 되어 창궐합니다. 피해자들이 사망하는 사례도 전 세계에서 가장 많이 속출하는 곳이지요.

뇌수막염 백신 프로그램은 빌과 멜린다 게이츠 재단으로부터 재정적인 후원을 받고 있어요. 이 프로그램은 아프리카에서 발생하는 뇌수막염 전염병을 말살하는 것을 목표로 합니다. 그로 인해 첫 해2010~2011년에 2,000만 명의 사람이 게이츠 재단의 지원으로 개발된 백신주사를 맞았어요. 주사 약물의 가격은 개당 50원이었지요.

에이즈(AIDS) : 현대 역병

배의 엔진이 꺼지고, 부두에서 승객들이 육지로 하선하고 있습니다. 호기심 많은 아이는 이 상황을 열심히 지켜보고 있지요. 탄자니아의 빅토리아 호수에 있는 이 외딴 섬은 평소 방문자들이 많지는 않아요. 그러나 이번 손님들을 어떻게 대해야 하는지 모두 잘 알고 있는 듯합니다. 아이들과 함께 다른 마을 사람들도 큰 무리를 이루며 몇 명 안 되는 국제보건 관계자 대표단을 추장의 오두막까지 안내합니다.

추장은 나이가 들어 점점 몸이 삐걱거리고 있어요. 그래서 더는 외부인들을 마중하러 나가지 못하지요. 그래도 서로 안고 손을 맞잡는 행위로 존경과 호의를 표합니다. 그리고 이 먼지 많고 무더운 날에 함께 차를 마시는 행위는 환영 행사이지요. 통역사를 통해 이들은 날씨, 가축, 추장의 손자가 만든 나무 조각품들에 대해 담소를 나눠요. 분위기를 가볍게 유지시키는 것이지요. 드디어 추장은 부족 사람들 중 의료적 처치를 필요로 하는 3명을 불러내요. 보건 관계자 한 명이 검사 키트를 꺼냅니다. 그리고 면봉의 한쪽 끝을 볼 안쪽 연조직에 문질러 면봉이 침으로 덮이게 하는 방법을 흉내 내며 시범을 보여요. 사용된 검사용 면봉 3개가 책상에 가지런히 놓입니다. 그리고 지겨운 20분간의 대화가 재개돼요.

보건 관계자가 면봉을 하나씩 차례대로 확인합니다. 얼마 뒤, 보건 관계자의 얼굴에 미소가 퍼집니다. 검사 결과가 확연해 보입니다. 3개의 시험 결과 모두 HIV 음성 판정을 받았군요!

이제 의사들은 이 지역 사람들의 설사와 체중 감소 원인을 다른 것에서 찾을 수 있습니다. 영양실조,

구충, 황열병, 말라리아 등을 의심할 수 있어요. 그리고 지역 사람들이 회복하는 데에 자신들이 도움을 줄 수 있기를 바랍니다. 누구라도 HIV 양성으로 판명 나서 좋을 일은 하나도 없어요.

1980년, 케냐와 우간다, 탄자니아를 포함한 동아프리카의 빅토리아 호수 지역 주변에서 슬림병이라는 새로운 질병이 처음 출현했습니다. 거의 같은 시기에 샌프란시스코와 뉴욕에서는 건강해 보이는 동성애자 공동체의 젊은 남성들이 두려움에 떨며 새 질병에 대한 치료법을 구하고 있었지요. 미국과 프랑스의 연구가들은 곧 HIV를 식별했습니다. HIV는 특유의 치료 불가능한 질병이지요. HIV라는 글자들은 인간 면역 결핍 바이러스Human Immunodeficiency Virus를 뜻해요.

HIV라는 단어들을 살펴볼까요? HIV는 인간 특유의 질병이며Human, 신체의 면역 체계를 공격하고Immunodeficiency, 빠르게 변이하는 바이러스입니다Virus. 박테리아가 아니에요. 면역 체계는 우리 몸이 감염성 질병과 맞싸우기 위한 수단입니다. 그러므로 이 질병이 우리 몸을 장악하면, 다른 질병에도 걸리기 쉬워지지요. HIV의 두 번째이자 마지막 진행 단계는 AIDS라고 부릅니다. 후천성 면역결핍질환Acquired Immune Deficiency Syndrome을 뜻하는 말이지요.

이번에도 AIDS라는 단어들을 살펴보세요. 이 질병은 선천성이 아니라 후천성Acquired으로 감염됩니다. 가족력으로 유전이 되는 질병이 아니라는 뜻이지요. 면역결핍Immune Deficiency, I와 D은 이 질병이 신체를 건강하게 유지하는 세포와 장기, 즉 면역 체계를 공격해 약화시킨다는 의미입니다. 마지막으로 AIDS는 질환Syndrome으로 분류됩니다. AIDS는 한 가지 질병이 아니라 여러 증상이 복잡하게 얽혀 있는 질병이니까요.

다른 심각한 질병처럼 HIV도 독감처럼 시작해서 그 증상이 3~4주 지속됩니다. 때때로 감염된 환자들은 잠재기 또는 잠복기를 겪어요. 이 잠복기는 몇 달에서 길게는 10년까지도 이어지지요. 잠복기 동안 환자들은 전염성이 있어요. 그러나 AIDS 환자 중 다수는 면역 체계가 서서히 고장 나고 있는데도 증상을 보이지 않습니다.

우리 몸의 면역 체계는 몇 가지 방어층으로 이루어져 있습니다. 몸 밖에서는 피부가 보호벽 역할을 하고, 몸 안에서는 혈류 내의 식세포들이 감염성 미생물들을 먹어 치웁니다. 그 사이에 면역 체계는 도움을 요청하는 신호를 보내서 감염성 미생물과 싸우는 화학물질들을 방출시키지요. 혈액 내에 있는 가장 강력하고 확실한 방어용 식세포들은 T세포와 B세포입니다. T세포와 B세포는 골수에서 생성되는 백혈구들이에요.

그런데 몸 안에 침투한 HIV는 바로 이 백혈구를 침입하고 죽이는 과정을 통해 자신을 복제합니다. 더 구체적으로 말하자면 HIV가 CD4+ T 헬퍼 세포들을 공격하는 것이지요. 건강할 때에는 헬퍼 세포들이 다른 모든 세포를 검사해 정상적인지 확인합니다. 그러다 비정상적인 세포를 발견하면 이를 없애는 일을 하는 다른 세포들을 활성화시키지요. 하지만 HIV가 지나치게 많은 헬퍼 세포들을 죽여 버리면 우리 몸은 이러한 과정을 제대로 수행하지 못합니다. 다르게 말해 신체가 자가 방어력을 활성화시키지 못하는 상태가 되는 것이지요.

이 상태에 이르면 HIV는 다음 단계인 AIDS에 도달한 것입니다. 몸의 면역 체계가 망가져 다른 질병에 극도로 취약한 상태에 이른 것이지요. AIDS 환자는 대개 이차감염이나 각종 암 혹은 그 외 여러 가지 다양한 병에 걸려 사망에 이릅니다. 이차감염의 예로는 결핵, 폐렴 등이 있고 암의 예로는 카포시 육종, 비호지킨 림파종 등이 있지요.

1981년 이래로 연구가들은 세 가지 중요한 문제에 대한 해답을 구하기 위해 고군분투했습니다. 어디서 HIV, 그러니까 AIDS가 생겨난 것일까요? HIV는 어떻게 퍼지는 것일까요? 그리고 그 증상과 치료 방법은 무엇일까요? 연구가들은 HIV와 비슷한 질병이 침팬지 및 다른 원숭이 종류, 가축 그리고 사자에게서도 발병한다는 사실을 발견했습니다. 대부분의 과학자들이 믿는 이론에 따르면 서아프리카 카메룬에 사는 사냥꾼들이 침팬지 고기와 같은 제대로 익히지 않은 야생 고기를 통해서 HIV와 유사한 질병에 처음 걸렸습니다. 이 질병이 오늘날 우리가 부르는 HIV로 변이하기까지는 200~400년이 걸렸어요. 그 뒤 HIV는 귀향하는 이주민들을 통해 1939년에 유럽으로 들어왔답니다. 1960년대 중반에는 HIV에 대한 몇 건의 사례가 기록됐어요. 그리고 1980년대에는 이 질병이 유행성 질병의 규모로 번졌지요.

일부 전염성 높은 바이러스들과 다르게 HIV는 쉽게 옮지 않습니다. 공기나 물 또는 벌레의 물림을 통해 전염되지 않고, 체액을 떠나서는 생존하지 못하니까요. HIV는 HIV에 감염되었거나 HIV 전염성이 있는 사람의 혈액이나 정액, 모유 및 질 분비물 등 생식 관련 체액을 통해 퍼집니다. 만약 건강한 사람이 입이나 주사 바늘, 성생활, 열린 상처를 통해 감염된 생식 관련 체액이나 혈액과 직접 접촉하게 되면 HIV에 걸릴 수 있어요.

1985년에 이르러 HIV 양성인 사람들을 판별하는 혈액 검사법이 개발됐습니다. 그 이후로 혈액과 장기 기증자들에게 이 검사를 적용했어요. 그래서 기증된 장기 및 체액으로부터의 HIV 감염원을 세거해왔지요. 그러나 HIV는 여전히 감염된 모체의 양수에서 태아의 혈류로 전염될 수 있답니다. 2010년 초에 전 세계에서 3,330만 명의 사람이 HIV 양성으로 판명됐습니다. 거의 캐나다의 인구수와 맞먹는 인원이지요. 1981년에서 2011년 사이에는 2,500만 명의 사람이 AIDS로 사망했답니다.

HIV 증상에는 급격한 체중 감소, 지속되는 설사, 야간 식은땀, 부은 분비샘, 기억 상실, 우울증 그리고 피부 반점들이 있습니다. 치료가 이루어지지 않는다면 최고조에 달한 AIDS가 몸을 장악해서 약 10년 내에 감염이나 암으로 사망합니다.

HIV/AIDS 백신을 개발하기 위해 1조 달러나 투자가 됐어요. 그러나 HIV 바이러스는 매우 빠르게 변이해서 아직까지도 효과적인 HIV 백신은 개발되지 못했지요. 칵테일이라고 부르기도 하는 항바이러스 제제 혼합물은 HIV 바이러스를 AIDS 단계로 발전하지 못하게 막아요. 이렇게 해서 HIV 환자들이 '평범한' 삶을 살 수 있게 하는 것이지요. 그런데 이 항바이러스 제제 혼합물의 가격은 어마어마해요. 그래서 수백만 명의 HIV 환자들은 이 치료 비용을 감당하지 못하지요. 과학자들은 이보다 더 효과적이고 저렴한 약물과 백신을 찾고 있습니다. 그래서 이 바이러스가 또 변이하여 현재의 치료법에 대한 내성을 얻기 전에 무효화할 수 있기를 바라고 있지요.

치료 방법이나 백신이 없으니 HIV에는 예방이 최선책입니다. 위생적인 주사 바늘의 중요성 및 콘돔을 사용한 안전한 성생활에 대한 교육이 HIV의 감염률을 낮췄지요. 그러나 아프리카에서는 HIV가 여전히 엄청난 위협 요소예요. 아프리카는 HIV 환자의 68퍼센트가 사는 곳이니까요. 미국에서 추정하기로는 사하라 사막 이남의 아프리카에 사는 아이들 1,480만 명이 AIDS로 부모를 여읜 고아랍니다.

AIDS는 전체 인구의 건강 상태를 극단적으로 바꾸어 놓았어요. 예를 들어 1960년대 말, 보츠와나에서는 평균 수명이 60세 이상이었어요. 이제는 40세 중반으로 평균 수명이 줄어들었어요. 이 질병은 부양 계층을 죽이지요. 부양 계층은 식탁에 음식을 마련하는 부모들, 옷, 교육, 의료 서비스를 위한 돈을 벌어오는 사람들, 사랑과 정성으로 가족 사이를 이어주는 사람들을 지칭해요. 아프리카 지역 중에서도 AIDS를 가장 심각하게 겪는 곳에서는 사람들이 감염 상태를 부인하고 검사를 거부하는 현상이 일상적입니다. 왜냐하면 HIV 양성 검사 결과는 곧 홀로 죽어가고 가족과 지역사회에서 격리된다는 것을 의미하기 때문이지요.

우리는 미래에 새로운 전염병들을 더욱 많이 보게 될 것이라고 과학자들은 예견합니다. 어쩌면 AIDS보다 더 심각한 질병들이 생겨날 수도 있겠지요. 그래도 아직 희망은 있어요. 사하라 사막 이남의 아프리카 사람들이 HIV 검사를 받고 무료 의약품을 받아가는 사례가 증가했거든요. HIV에 대한 교육과 예방 프로그램들의 결과지요. 그 예로 빌과 멜린다 게이츠 재단으로부터 후원을 받고 있는 세계 건강 프로그램이 있어요. 목표는 바이러스의 전염을 멈추고 모든 지역사회에서 검사 결과가 음성으로 나타나는 것입니다. 2004년 탄자니아의 빅토리아 호숫가 마을에 있던 3명의 아프리카인이 HIV 검사 결과 음성 판정을 받은 것처럼 말이지요.

07

지구촌

종을 넘나들다

질병이 한 종에서 다른 종으로 깡충 뛰어넘는 현상은 새로운 일이 아니지요. 동물의 혈액, 분변, 비강 분비물 또는 가래와의 접촉을 통해 우리는 수천 년간 종간 전염이나 동물원성 감염에 노출되어 왔으니까요. 바이러스가 종을 넘나드는 일은 흔하지 않으나 어려운 일도 아니랍니다. 바이러스가 종간 전염을 실현시키기 위해서는 저항을 못 하거나 쇠약한 숙주만 있으면 되니까요. 미코박테리움 보비스Mycobacterium Bovis는 결핵의 가까운 친척이에요. 이 질병은 처음에 소에게서만 발견됐지만 나중에는 감염된 우유를 통해 사람에게 옮겨졌어요. 그 뒤 오랜 세월에 걸쳐 결핵으로 발전했지요. 오늘날 결핵은 소와의 접촉 없이도 사람에서 사람으로 전염됩니다.

HIV/AIDS도 다른 종침팬지으로부터 넘어와서 인간에게 치명적인 질병으로 변모한 사례이지요. 이렇게 잘 알려진 종간 전염 사례들은 엄밀히 말해 종간을 '뛰어넘은' 것은 아니에요. 오히려 간신히 '기어서 건너왔다'고 표현하는 것이 더 정확하지요. 결핵과 HIV/AIDS가 인류의 질병으로 자리 잡기까지는 기나긴 시간이 소요됐답니다. 감염이 발생하기 위해서도 아주 가까운 접촉이 선행돼야 했고요. 하지만 결핵과 HIV/AIDS는 전 세계적으로 퍼져 나갔어요. 이제 결핵과 HIV/AIDS는 세계적 유행병으로 분류되지요.

1918년, 스페인 독감이 전 세계에 퍼졌어요. 그 이래로 공중보건 및 의학 연구가들은 극도로 긴장하며 다음에도 전염성 높은 질병이 대대적으로 종간을 넘어올 것이라고 추측하고 있어요. 또 연구가들은 향후 언젠가 대재앙을 가져올 전국적 유행병이 도래할 것이라고 예상하고 있답니다. 스페인 독감이 발생했던 시절에 돌던 동요는 이 무서운 바이러스의 전염 속도와 무작위로 피해자가 속출하던 상황을 묘사하고 있어요.

나는 작은 새를 키웠어요.

그 이름은 엔자였어요.

내가 창문을 열었어요.

그리고 안으로 엔자가 날아들었지요.

가사의 마지막 줄인 "And in-flew-Enza"의 마지막 단어는 '인-플루-엔자'로 발음된답니다. 그래도 당시 이 노래가사를 읊던 아이들은 주의해야 할 원흉이 사실은 새였다는 것을 알지 못했겠지요.

1996년, 한 영국인 여성이 오리 우리에 있던 분변을 통해 조류 독감 바이러스 H7N7에 걸렸어요. 이 여성은 청소하던 중 오염된 지푸라기 조각이 눈에 튀었어요.

여성은 눈 감염 증상이 생겼지요. 다행히도 그녀는 회복했어요. 그리고 다른 사람들도 병에 걸리지 않았지요. 전염병은 여기서 활동을 멈췄습니다.

1년 뒤, 새로운 조류 인플루엔자 바이러스H5N1, 또는 조류 독감에 대한 보고가 중국과 홍콩에서 등장했어요. 이 바이러스는 사육용 조류 가축들을 거칠게 폭격했지요. H5N1은 경계 대상이었답니다. 난폭하고 공격적이었으며 전염성이 매우 높았어요. 감염된 가금류의 90퍼센트가 죽었지요. 많은 가금류가 내부 출혈 증세를 보였으며 48시간 내에 출혈 과다로 숨을 거뒀지요. 1997년 5월, 홍콩 농가 지역 사회에서 세 살배기 아이가 조류 독감을 진단받았어요. 이 아이는 이 병으로 인해 사망했습니다. H5N1이 종간을 넘나든 상황이었지요. 아이의 죽음을 계기로 사육하던 조류 1,500만 마리가 대량 선별되어 처분당했어요. 이 일을 통해 독감의 발발 가능성은 인간 종과 조류 종에서 모두 효과적으로 제거됐답니다.

총 18명의 사람이 조류 독감에 걸렸어요. 그중 6명이 사망했지요. 정확히 말하면 이번 독감은 전국적 유행병이 아니었어요. 그러나 '가능성'이라는 요인이 두려움을 고조시켰지요. 만약 H5N1이 변이하여 바이러스가 사람에서 사람으로 퍼진다면 대략 1억8,000만 명에서 3억 6,000만 명의 사람들이 사망할 것이라고 관련 당국은 추정했어요.

이렇듯 끔찍한 예상은 다행히 현실에 나타나지 않았습니다. 그래도 이 바이러스가 사라진 것은 아니었지요. 오히려 바이러스가 퍼지는 바람에 동남아시아와 중동 지역의 15개 이상의 국가에서 조류 독감이 발생되었습니다. 2011년 전반기 동안 세계보건기구에서는 H5N1 사례 48건을 보고했어요. 그중 24건은 이집트, 캄보디아, 방글라데시에서 발생한 사망자였습니다. 이집트, 캄보디아 및 방글라데시는 조류 인플루엔자 바이러스가 가정용 가금류 사이에서 활성화되어 돌아다니는 나라들이었거든요.

돼지우리를 청소해본 적이 있나요? 짚을 갈퀴로 치우는 일을 하는 돼지 농장의 일꾼들은 정기적으로 돼지 인플루엔자에 노출됩니다. 그러나 돼지 인플루엔자가 종간의 벽을 뛰어넘는 경우는 드물어요. 한두 번 종간의 벽을 뛰어넘었다 해도 농장 일꾼들이나 수의사들만 가볍게 앓고 마니까요. 이런 돼지 독감 환자들은 자신들이 병에 걸렸었는지도 모르는 사이에 바이러스에 대한 항체를 형성합니다. 간혹 감염된 사람들이 동물원성 돼지 독감에 '제대로' 걸리면 일반적인 증상들을 경험하기도 하지요. 발열, 인후통과 근육통, 두통, 5일간 컨디션이 나쁜 증상 말이에요. 2009년에는 H1N1이라는 새로운 돼지 독감이 돌기 시작했어요. H1N1은 처음에 멕시코와 남미 지역에서 출현했답니다. 이번 독감은 서로 다른 네 가지 종류의 독감 바이러스가 혼합된 독감 칵테일이었어요. 북미 돼지 독감, 인간 독감, 아시아와 유럽 독감 그리고 조류 독감이 뒤섞인 것이지요. H1N1은 심각했습니다. H1N1은 사람들의 폐에 머무르며 호흡 장애 및 부전을 유발했어요. 그리고 더 나아가 H1N1은 독감에 취약한 사람들만 공격하는 것이 아니라 정말로 아무나 공격하고 죽였습니다.

세계보건기구 단체장 마거릿 챈 박사는 2009년 6월 11일, 세계 언론에 전염병 경고 단계를 6(6단계는 전염병 경고 단계 중 최고 수준이에요.)으로 발표했습니다. 뉴스 표제에도 이 전국적 유행병을 경고하는 문구가 등장했어요. "돼지 독감 다시 돌아오다!" "백신은 충분한가?" "누가 먼저 백신주사를 맞나?" "전국적 유행병 돌아 돼지 매출 감소."

곧 찾아올 전국적 유행병에 대한 반응은 다양했습니다. 어떤 사람들은 백신주사를 맞으면 병에 걸릴 것이라고 걱정하며 백신 접종을 거부했어요. 그래서 미국 대통령 버락 오바마를 포함한 몇몇 사람들이 독감 주사를 맞기 위해 팔을 걷어붙이며 선례를 보였지요. 되돌아보면 당시의 두려움은 진심이었어요. 비극적인 죽음들도 있었고요. 하키를 하거나 등교를 하던 어린 청소년들이 며칠 후 죽어 있었어요. 2010년 8월에 독감이 스멀스멀 밀려오자, 전 세계에서 138명이 H1N1으로 사망했습니다. 일반 독감 계절에 비해 사망자 총계가 증가한 셈이지요.

WHO가 인플루엔자를 검사하고 보고하기 위해 만든 전염병 경고 6단계

1. 인플루엔자 바이러스가 동물에게만 감염되는 상태
2. 동물 인플루엔자 바이러스가 소규모 인간 집단에게도 감염되는 상태
3. 인간에서 인간으로도 감염이 이루어지지만 감염 경로가 극히 제한적이며 증상도 약한 상태
4. 감염 범위가 지역 단위로 늘어나 전국적 유행병으로 번질 가능성이 커지기 시작하는 상태
5. 인간에서 인간으로 이루어지는 감염이 하나 이상의 나라에서 발생하는 상태
6. 전염병의 확산이 전 세계적으로 이루어지는 상태

그래도 예상한 것만큼 높지는 않았어요.

오늘날 의사들은 사람들의 마음이 '이미 독감에 대한 경각심을 잃은 것'은 아닐까 걱정하고 있답니다. 2010년 가을에는 예년보다 적은 수의 사람들이 독감 예방접종을 하러 줄을 섰으니까요. 그런데 만일…….

사스: 전국적 유행병으로 인한 정신공황

한 수술 전문의가 캐나다 토론토에 있는 어느 소아 전문 병원 밖을 서성였습니다. 수술 전문의는 옥상에 헬리콥터가 착지하고 귀중한 짐을 내린 후 다시 떠나는 모습을 지켜보았습니다. 장기이식실에서 의료진을 부르고 있었습니다. 그리고 수술 전문의는 바깥에 격리된 채 병원 접근이 금지된 상태였습니다. 주말 당직을 하는 고참 의료진으로서, 수술 전문의는 미연의 경고를 받았지요. 수술 전문의는 수술이 하루 종일 걸릴 것이라는 사실을 알고 자전거를 타고 병원에 왔습니다. 자전거를 밟으며 봄꽃으로 가득 찬 정원들을 지나며 수술 전문의는 익숙한 달콤씁쓸함을 느꼈습니다. 한 아이가 죽었어요……. 그리고 이제 다른 아이에게 새 삶을 살 기회가 생겼습니다.

수술 전문의는 자전거를 세우던 중 자신의 신분증 배지를 집에 놓고 온 것이 생각났어요. 병원은 사스 규율에 따라 움직이며 초긴장 상태에 돌입했습니다. 모든 사람은 정문을 통해 입장하고, 신분증을 보인 후, 손 소독제를 사용하고, 보안 경비에게 검문을 받았습니다. 예외는 없었어요. 수술 전문의의 딸이 최대한 빨리 신분증을 들고 여기로 도착해야 할 텐데요.

같은 시간, 멜라니와 그녀의 남편은 궬프에서 그들 나름으로 무한정 기다리기 게임을 하고 있었어요. 첫 아이의 출산일이 지났어요. 산파가 전화로 사스가 토론토 서부에 있는 그들의 지역사회까지 퍼졌다는 소식을 전하자 부부의 걱정은 최고조에 달했습니다. 멜라니는 회상합니다.

"우리 산파가 최근 상황들을 알려줬었어요. 궬프 종합병원은 전염병 관리 모드에 돌입했습니다. 주차장에 세워진 텐트 안에서 장갑을 끼고 마스크를 쓴 간호사들이 환자들을 예진했어요. 모두가 사스에 감염됐는지 꼼꼼히 검사받고 있었기 때문에 대기 시간은 길어질 수밖에 없었습니다. 내가 만약 병원에 입원을 했더라면, 우리 남편은 나와 함께 있는 것을 허락받지 못했을 것입니다. 어쩌면 우리 산파도 출입이 금지됐을지 몰라요. 출산 후 나는 격리가 됐을지도 모르고 방문자는 오직 한 명만 허락됐을 것입니다. 사스 감염 환자들이 있을지도 모르는 병원에 홀로 격리되어 있을 생각에 두려웠어요. 내가 걸릴 수도 있잖아요. 심지어 우리 아기가 걸릴지도 모르고요. 그래서 우리는 자택에서 출산하기로 결정했습니다. 산파의 보살핌 속에서 갓 태어난 딸아이는 사스 유행병이 지나갈 때까지 안전하게 집에만 있었어요. 우리는 병원이 치유를 하는 장소가 아니라 병에 걸릴 수 있는 장소일지도 모르겠다는 생각을 그때 처음 해봤습니다. 그것은 매우 무서운 생각이었어요."

2002년, 중국 남부 광동 지방에서 감기 및 독감 시즌이 평상시처럼 시작됐어요. 11월의 우기는 항상 더 많은 병원 입원 건수로 이어졌지요. 발열, 한기, 동통, 두통은 전혀 새로운 증상이 아니었어요. 며칠간 입원을 했던 환자 중 일부는 기존의 증상들과 더불어 거칠고 마른기침을 추가적으로 보였어요. 이들의 경우는 심각한 폐렴 같았어요. 그러나 항생제를 써도 아무런 효과가 없었지요. 그러면 바이러스에 감염된 걸까요? 하지만 항바이러스 제제도 소용이 없었습니다. 환자들은 점점 병이 깊어져 갔어요. 숨을 쉬기 위해 인공호흡기까지 필요했지요.

환자 10명당 1명이 사망했어요. 이는 일반 폐렴 사망률보다 높은 수치지요. 의사들은 혼란에 빠졌어요. 보건위생 관계자들과 장의사들도 함께 병들기까지 그다지 오래 걸리지 않았답니다. 광동 지방에서는 이러한 질병이 발생한 적이 없었어요. 중국 정부는 공식 뉴스 보도나 건강 주의 경보 없이 질병의 발발을 비밀로 했지요. 그러나 겁을 먹은 환자의 가족들은 더 나은 치료를 받을 수 있을지도 모른다는 희망 때문에 환자들을 창궐 지역 너머로 이동시켰답니다. 기차로 이동하던 이 환자들은 함께 타고 가던 승객들에게 질병을 전염시켰어요. 그리고 지방의 도시까지 이 질병을 퍼뜨렸습니다.

광동의 한 병원에서 장시간 근무했던 리우 지안룬 박사는 2003년 2월 21일 결혼식에 참석하기 위해 버스를 타고 홍콩으로 이동하고 있었어요. 그동안 지안룬 박사는 질병을 키우고 있었지요. 엘리베이터와 박사의 투숙 호텔 9층은 전 세계로 전국적 유행병을 퍼뜨리는 발사대가 됐답니다.

2월 23일, 조니 챈이라고 불리던 한 미국인 사업가는 9층 호텔 투숙방에서 나와 체크아웃을 했어요. 조니 챈은 베트남 하노이로 향하는 비행기에 탑승했지요. 그로부터 6일 뒤 챈은 폐렴과 유사한 증상들이 생겨 병원에 입원했어요. 중국에서 온 그 정체불명의 질병일지도 모른다는 걱정으로, 하노이 병원은 세계보건기구에 조니 챈의 사례를 보고했답니다.

하노이에서 세계보건기구 소속 감염성 질병 전문가로 근무하던 카를로 얼바니 박사가 이 사건을 맡게 됐어요. 카를로 얼바니는 이 새로운 질병을 확인한 뒤 사스SARS라는 이름을 붙였습니다. 중증 급성 호흡기 증후군Severe Acute Respiratory Syndrome이라는 무시무시한 단어 네 개의 머리글자를 따서 만든 이름이었지요. 몇 주 뒤, 카를로 얼바니 박사와 그의 환자였던 조니 챈은 둘 다 이 질병으로 사망했습니다. 그러나 카를로 얼바니 박사의 시기적절한 연구는 대중의 관심을 끌고 질병 창궐을 막는 데 도움을 줬기에 그 공로를 인정받고 있어요.

사스가 이름을 얻기 전인 2003년 2월 21일에 78세 여성 관 수이추는 홍콩에서 리우 지안룬 박사와 함께 호텔 엘리베이터를 탔어요. 그 뒤 사스는 관 수이추와 함께 캐나다까지 날아왔지요. 관 수이추는 집으로 돌아온 지 얼마 안 되어 3월 5일에 사망했습니다. 관 수이추의 추정 사인은 심장마비였어요. 세계보건기구에서는 3월 12일에 전 세계적으로 사스 주의보를 내렸답니다. 관 수이추의 44세 아들이 3월 13일에 폐렴으로 사망했어요. 이 사건으로 관계 당국은 사스가 토론토에 들어왔을 거라고 의심했어요.

사스는 중국 경계 지역을 넘어 퍼져버리자마자 5개월간 전 세계에서 주요 뉴스 특보가 됐지요. 이 질병에 대해서는 모르는 것 투성이었어요. 이 새로운 치명적 질병은 무엇이었으며 어떻게 시작됐을까요? 이 전염병도 스페인 독감처럼 세계적 유행병으로 전변하고 있나요? 이 질병이 다음에 출몰할 장소를 예견할 수 있는 사람은 없나요? 의료대응팀은 신속히 모든 감염 사례들을 확인하고, 추적하며, 모든 환자를 따로 격리시켰어요. 전 세계의 이목이 따갑게 집중되고 있던 중국은 그동안 비밀로 붙였던 내용을 공개했지요. 그 뒤 중국에서는 시민들에게 마스크를 쓰고 손을 닦으며 모든 환자를 당국 관계자들에게 보고하라고 지시했답니다. 널리 퍼진 공포와 감염에 대한 현실적 위험으로 인해 국제 보건 지역사회는 등 떠밀려 활동하기 시작했어요. 전 세계는 사스에 대한 전쟁을 선포하고, 질병에 대한 보고들을 매일 돌려봤어요. 이 절차는 스위스 제네바에 있는 세계보건기구 본

사, 애틀랜타에 있는 질병통제예방센터 그리고 전 세계 곳곳의 주요 사스 발생 지역에 배치된 '전쟁실'에서 제정한 것이었지요. 이러한 공고를 통해 모든 사스 관련 정보가 공유됐어요. 새로 기록된 사례들, 실험실 발견 사항들, 총 사망자 수, 여행 시 주의 사항, 인공호흡기의 확보 여부, 마스크 비치량, 격리 방법 등이 안내되었지요.

몇 주 내로 과학자들은 사스가 코로나바이러스의 한 종류라는 것을 밝혀냈어요. 코로나바이러스는 일반 감기를 유발하는 범인이기도 하지요. 그리고 야생동물의 고기를 판매하던 광동 시장으로 수색 작업의 범위를 좁혔어요. 이 동물들을 다루는 일꾼들이 사스에 가장 먼저 걸려 쓰러졌으니까요.

족제비처럼 생긴 동물인 사향고양이는 코로나바이러스를 보균할 수 있어요. 그래서 과학자들은 사향고양이들이 코로나바이러스의 변종을 동물 취급자들에게 옮겼을 것이라고 생각합니다. 보건 관계자들은 사스가 콧물 비말을 통해 전이된다고 확신했어요. 그런데 다른 연구가 새롭게 밝혀졌어요. 사스균이 엄청난 전파력을 갖고 있는 바이러스라서 아무런 질병 징후를 보이지 않는 개별 보균자도 수많은 사람을 감염시킬 수 있다는 사실이지요. 더 나아가 사스 바이러스는 인체 숙주 밖에서도 24시간 이상 생존할 수 있다는 결과가 실험을 통해 확인됐어요. 이는 환자의 재채기 비말이 닿을 수 있는 표면이라면 무엇이든 간에 바이러스를 퍼뜨릴 수 있는 매개체가 된다는 것을 의미하지요. 문고리, 손잡이, 선반 등 사스 바이러스에 관해서라면 안전한 곳은 전혀 없었어요.

이 맹렬한 바이러스를 멈추기 위해 극단적이고 비싼 방책들이 도입됐지요. 중국을 왕래하는 모든 비행편이 취소됐어요. 국제공항마다 여행자들에게서 열병이 발견되는지 확인하려고 스캐너를 도입했지요. 식당이든, 영화관이든, 회의실이든, 호텔이든, 헬스클럽이든, 장례식장이든, 종교 활동 장소든 사스 질병이 지나간 자리라면 모두 텅텅 비었답니다. 사스를 앓는 사람과 접촉한 사람은 누구든 간에 직장에서 조퇴시켜 스스로 격리시키고 추적 관찰하도록 했어요. 중국에서는 격리 조치된 개인들이 자택을 벗어나면 전자발찌에서 경고음이 울렸답니다. 위반한 자들은 가차 없이 벌금을 내야 했어요. 캐나다의 경우만 따져 봐도 봄에 찾아온 사스로 인해 관광산업에서 10억 달러 이상 손실이 났어요.

사스는 전 세계가 다 함께 즉각적으로 반응한 첫 세계적 유행병이었습니다. 언론에서는 정보를 찾아 뒤지고 파헤쳤어요. 그로 인해 사람들은 사스에 대해 알게 됐을 뿐만 아니라 극심한 공포도 함께 느끼게 됐지요. 즉각적 대응, 효과적 공중보건 강화, 행운은 사스가 가던 길목을 그렇게 막았어요. 그러나 그때는 이미 사스가 31개국을 돌며 8,422명을 감염시키고 916명을 죽인 뒤였지요.

세균전: 그때와 지금

군사기밀실 안의 사람들은 모두 침울했어요. 어떤 사람들은 고위 참모들이 내린 명령을 되새기면서 눈을 내리깔고 손을 떨었습니다. 다른 모든 전술은 실패했어요. 이 미친 전쟁 탓에 그들의 병사들이 너무나도 많은 부상을 입거나 사망했어요. 그들의 수장은 생물 무기를 도입하여 적군에게 의도적으로 치명적인 질병을 퍼뜨리기로 결정했습니다. 불행하게도, 그들은 죄 없는 민간인들을 보호하지 못하게 됐어요. 생물 무기는 군인이 아닌 민간인까지도 공격하고 마니까요.

이런 선택을 하는 자신을 상상할 수 있나요? 당연히 못하지요! 그러나 과거에는 독재자들, 정복자들 그리고 부도덕한 군사 지도자들이 오직 자신들의 이득을 위해 생물 무기를 활용했답니다. 심지어 생물 무기를 자신의 민족에게 사용할 때도 있었어요. 1972년에 생물무기금지협약에서 맺은 국제 조약은 생물 무기를 개발하거나 생산하거나 사용하는 것을 법적으로 금지했어요. 그러나 여기에는 여전히 맹점이 있답니다. 생물학적 공격에 대한 방어를 목적으로 생물 무기를 만드는 것은 불법이 아니에요.

전쟁 중인 사람들은 항상 조금이라도 싸우는 데 유리해지려고 노력하지요. 생물 무기는 수천 년 전부터 존재했어요. 컴퓨터로 조종하는 미사일보다 훨씬 오래되었지요. 기원전 400년에 스키타이 궁수들은 화살촉에 독을 묻혔답니다. 화살촉의 독이 어떻게 왜 효과가 있는지도 모르는 채로 말이에요. 독은 혈액, 대변 및 뱀독을 섞어 부패시킨 혼합물이었지요. 스키타이 궁수들의 공격에 상처 입은 적군들은 중독증이나 심각한 감염으로 인해 사망했어요.

한니발은 카르타고의 지휘관이었어요. 그는 기원전 184년에 생물 무기를 사용하여 고대 그리스 도시 페르가몬의 왕 에우메네스 2세를 상대로 유명한 해전을 벌였지요. 그때 사용된 생물 무기는 독사로 가득 채운 흙 도자기들이었어요. 한니발의 군사들은 적군의 선박 갑판을 향해 흙 도자기들을 던져서 깨뜨렸어요. 그러자 에우메네스 왕의 군인들은 정신을 못 차리고 대혼란에 빠졌어요. 에우메네스 왕은 전투에서 패했지요. 그때의 독사들이 그 후로 어떻게 됐는지는 기록에 남아 있지 않습니다.

12세기 신성로마제국의 독일인 황제 프레드리히 바바로사는 이탈리아의 토르토나 마을 사람들을 상대로 충격적인 승리를 거뒀습니다. 그는 토르토나 마을을 재로 만들어버리기 전, 토르토나의 우물 속에 부패 중인 군인 시체를 빠뜨려 오염시켰어

요. 야만적이지요!

흑사병 환자들은 1346년경부터 전쟁의 무기로 활용되었습니다. 앞에서도 얘기했듯, 몽골 군사들은 이탈리아의 카파라는 마을에 흑사병 환자의 시체들을 던져 넣었지요. 1710년에는 스웨덴 군사와 싸우던 러시아 군사가 흑사병에 감염된 시체들을 레발 도시오늘날 에스토니아 탈린에 투석하여 불안을 야기했어요. 이와 같은 역겨운 환경 속을 헤집고 다니던 쥐벼룩들을 매개로 역병이 찾아왔을 가능성이 농후합니다.

천연두는 북미와 여러 지역에서 공격 무기로 사용되었습니다. 이때는 천연두 환자들이 사용하던 담요 등을 미국 원주민들에게 선물로 보내는 방식이었어요. 천연두에 아무런 면역력이 없던 미국 원주민들은 이 '호의를 가장한 선물'이 퍼뜨리는 '악의'에 속수무책으로 당해야 했지요.

코흐나 파스퇴르 같은 미생물학자들 덕분에 인류는 특정 박테리아와 바이러스를 분리시켜 대량으로 보관할 수 있게 됐습니다. 실제로 연구가들이 실험을 진행하고 백신을 개발하기 위해서는 안정적인 미생물 보급이 꼭 필요하지요. 모두 공익을 위해서예요. 그러나 이러한 미생물 표본들이 악의적인 사람의 손에 들어가거나 부주의하게 다루어진다면 엄청난 파괴력을 가진 무기로 전락할 수 있답니다. 예를 들어 탄저균은 예측 불가능하고 제어되지 않는다는 사실이 실험으로 증명됐어요.

스코틀랜드의 북서 해안 근처에 위치하고 있는 그뤼나드 섬은 제2차 세계대전 중 생물 무기를 사용하는 실험들이 진행된 장소였습니다. 이 섬은 탄저병으로 너무 많이 감염되어 40년간 접근이 불가능했어요. 그 뒤 4년간 포름알데히드로 섬을 살균한 후 국방부에서는 이 섬이 더는 탄저균에 오염되지 않았다고 공표했어요. 그리고 1990년 그뤼나드 섬에 양 떼를 들여놨지요. 그래도 몇몇 학자와 고고학자들은 휴면 중인 탄저균 포자가 여전히 남아 있을지도 모른다고 걱정하며 섬으로 양 떼가 들어가는 것을 반대했습니다.

1979년, 러시아 스베르들롭스크 시 근처에서 약 100명의 사람이 의문스러운 질병에 걸렸어요. 그중 64명이 사망하자 소련 정부는 질병의 원인이 탄저균 포자에 오염된 육류에 있었다고 발표했습니다. 농산물 취급 절차 중 작은 사고가 있었다고 해명했지요. 1992년 냉전이 끝나자, 곧 보리스 옐친 대통령은 탄저균 포자가 실수로 비밀 무기 시설에서 대기 중으로 새어 나온 것을 인정했답니다. 최근에는 테러리스트들이 워싱턴 D.C., 보카 라톤, 플로리다, 뉴욕 시에서 언론사 몇 군데와 미국 상원의원실 두 곳으로 탄저균 포자를 보냈다고 비난받았어요. 이 테러 행위로 5명이 사망했으며 17명이 감염됐습니다. 더구나 9 · 11테러가 일어난 날로부터 1개월쯤 후에 발생해서 이미 조마조마한 나라를 더욱 벼랑 끝으로 내몰았지요.

테러리스트들이 탄저균을 비행기로 떨어뜨리거나 지하철 내에서 터뜨리면 어떻게 될까요? 탄저균 또는 여타 치명적 박테리아로 만든 폭탄은 대량 학살을 일으킬 수 있어요. 그러나 이런 상황이 아직까지 발생한 적은 없어요. 국제연합 감독관들은 생물 무기를 제조할지도 모를 의심스러운 시설들을 감사하고 있어요. 이러한 위협으로부터 세계의 안전을 지키기 위해 노력하는 것이지요.

당신은 예방주사를 제때 맞았나요?

이런 시나리오를 상상해보세요. 학교로 가는 일상적인 아침입니다. 당신은 거의 다 찬 버스 뒷좌석에 앉아 다른 승객들을 관찰하고 있어요. 앞좌석 근방에 앉은 쌍둥이 둘이 동시에 재채기를 하네요. 한 명이 다른 한 명에게 불만스럽게 큰 소리로 외쳐요. "소매에 대고 재채기 해! 너 때문에 나도 벌써 독감에 걸렸잖아. 다른 사람들도 좀 생각하란 말이야!" 다음 정거장에서 한 어머니가 어린 아들을 안고 버스에 탔습니다. 아들의 땀에 젖은 머리가 어머니의 어깨에 힘없이 기대고 있어요. 아들의 목에는 부어 오른 림프샘들이 확연히 보입니다. 이 아이는 볼거리에 걸렸네요.

나이든 신사가 힘겹게 계단을 올라 그 어머니 뒤를 따라 버스에 오릅니다. 그는 팔로 지지하는 목발 2개를 겨드랑이 밑에 끼고 있어요. 그 와중에 신사는 양다리에 소아마비 후유증이 발작하여 또 한바탕 진을 빼게 만듭니다. 그 신사는 어렸을 적 가볍게 소아마비에 걸리고 회복한 지 75년이 지났는데도 말이지요. 다음 정거장에서는 사춘기 소녀가 당신의 옆자리에 털썩 주저앉습니다. 소녀의 얼굴이 붉게 달아올랐고 눈이 촉촉해요. 소녀는 뒷목을 문지르면서 확연한 두통으로 얼굴을 찡그립니다. 진단명 — 뇌수막염.

몇 정거장 후, 한 남성이 올라탑니다. 남성의 얼굴에는 농이 흐르며 곪아 터지려고 하는 붉은 뾰루지들이 뒤덮고 있어요. 이렇게 추운 겨울 날씨인데도 남성은 눈에 보일 정도로 땀을 흘리고 있네요. 남성은 두창에 걸린 것일까요? 이보다 상황이 악화되기는 어려울 것 같네요.

다음번에 차 문이 열리자 개 한 마리가 뛰어 들어옵니다. 개는 입에서 거품을 흘리며 미친 듯한 눈빛을 보이고, 송곳니를 드러내고 있어요. 광견병이군요!

이 장의 처음으로 다시 돌아가 이 시나리오에 다른 캐릭터들을 캐스팅하고 재생해보세요. 예방접종을 한 사람들과 개로 캐릭터를 다시 선별해서 말이지요. 이번에

는 버스 여행이 위생적일 것입니다. 상대적으로 사뭇 지루한 여행이 될 수도 있겠지만요. 당신은 여전히 같이 버스를 타고 있는 사람으로부터 독감에 걸릴 수 있어요. 독감에 대해서는 완벽한 백신이 없으니까요. 소아마비 후유증을 앓고 있는 나이 든 남성도 이번에도 계단을 힘겹게 오르겠지요. 그래도 그가 당신에게 소아마비를 옮기지는 못할 겁니다.

이것이 우리가 당연하게 여기게 된 삶의 양상입니다. 정기적 예방접종 덕분에 예전처럼 많은 질병이 더는 인류를 위협하지 못하고 있지요. 그러나 예방접종이 해로울 수도 있기 때문에 예방접종을 선택 사항으로 남겨둬야 한다고 생각하는 사람들이 있답니다. 1998년, 저명한 의학저널인《랜싯》에 실린 기사 때문에 영국에서 문제가 생겼어요. 기사에 실린 앤드루 웨이크필드 박사의 연구에서는 홍역 백신을 자폐증발달 장애의 한 종류과 잘못 연결시켰지요. 그 결과 몇몇 근심 많은 부모들이 자녀들에게 MMR홍역, 볼거리, 풍진 예방접종을 시키지 않기로 결정했습니다. 그 결과는 말 그대로 심각했지요! 영국에서 홍역과 볼거리 감염자 수가 급증했습니다. 그중 일부는 사망했지요. 또 일부 사례들은 심각한 의료적 합병증으로 이어졌답니다.

아무도 질병에 대항하는 백신주사를 맞지 않는다면 모두가 위험에 노출되고 맙니다. 사스의 사례처럼 말이지요. 모든 사람이 질병에 대한 내성이 생기면 질병은 멸종됩니다. 그렇게 해서 두창이 없어졌지요. 이상적인 공중보건 시나리오는 모든 사람이 예방접종을 맞는 것이겠지만 이것이 꼭 필수적이지는 않답니다. 충분히 많은 사람이 병에 대한 내성을 갖고 있으면 괜찮아요. 이러한 경우 인류는 집단면역으로 보호받게 돼지요. 집단면역이란 병에 걸릴 수 있는 사람들의 비율이 충분히 낮아 역병의 창궐이 불가능해지는 상태입니다. 이때 그 비율은 해당하는 질병에 따라 다양하게 나타납니다.

일곱 살배기 아이에게 주사를 맞고 싶으냐고 물어보면 대부분 '싫어요'라고 대답하겠지요. 그러나 백신을 맞지 않기를 선택한다면 훗날 심각한 대가를 치러야 할 수도 있습니다. 백신접종을 맞을지 선택하는 것이 흡연, 음주, 운전을 선택하는 것과 비슷한 것일까요? 이 논쟁에 당신도 참여해보세요. 당신은 건강과 관련된 개인의 선택과 권리가 어디까지 보장돼야 한다고 생각하나요?

세계적 유행병으로부터 얻은 크나큰 가르침

이 책을 읽고 나니 당신이 살아 있는 것이 놀랍지요? 우리의 조상님들이 아이를 낳을 때까지 생존해서 인류의 맥은 끊어지지 않고 이어졌습니다. 하지만 그분들도 어쩌면 아이를 낳고 나서 흑사병, 결핵, 말라리아, 홍역 또는 스페인 독감과 같은 질병에 걸려서 세상을 떠났을지 모릅니다.

지난 5,000년간 역병이 창궐하면서 집중 공격을 당했던 역사를 되새겨보면 세 가지 큰 가르침들을 명백히 확인할 수 있어요. 이러한 가르침이 당신에게는 상식처럼 느껴질 수도 있겠지요. 하지만 인류는 그 가르침을 얻기까지 너무나도 오래 걸렸답니다. 전국적으로 유행병이 도는 와중에도 우리의 조상님들은 살아남아 다음 세대를 준비할 수 있었지요. 그러나 동시에 그 조상님들은 가족과 친구들 그리고 그 이상의 많은 것을 잃는 아픔도 함께 겪어야 했어요.

가르침 1: 모든 증상이 사라져도 모든 질병이 사라진 것은 아니에요. 또 모든 환자가 그들의 건강 상태에 대해 솔직한 것은 아니랍니다. 매리 말론의 이야기.

병원은 질병에 걸린 환자를 위해 생겼습니다. 그렇다면 질병이 퍼지는 것을 막기 위해서는 어떤 일을 해야만 할까요? 뉴욕 시는 1900년부터 1907년까지 장티푸스가 창궐하는 바람에 이 질문에 대답해야 했답니다. 사설탐정과 뉴욕 시 보건국, 경찰들이 모두 힘을 합친 다음에야 간신히 창궐의 시작점을 알아낼 수 있었어요. 장티푸스 발발지의 공통분모는 최근 아일랜드에서 이민 온 여성, 매리 말론이었지요. 매리는 각기 다른 일곱 집에서 가정부 일을 했어요. 또한 매리는 요리를 하고 고용자들의 병든 가족들에게 식판을 날랐지요. 매리와 접촉한 병든 가족들 중에는 사망한 어린 소녀도 포함됐지요. 어째서 매리가 범인일까요? 매리는 완전히 건강했는데요?

장티푸스, 또는 창자열은 살모넬라 박테리아를 통해 전파됩니다. 이 박테리아는 대변과 소변 속에서 발견돼요. 전염성이 있는 사람이 제대로 씻지 않고 손질한 음식을 먹으면 장티푸스에 걸릴 수 있습니다. 매리 말론은 발열, 설사 또는 발진 등의 장티푸스 증상을 단 한 번도 보이지 않았어요. 정작 본인은 맹렬히 반대했지만, 매리는 '건강한 보균자'로 지정됐지요. 그러나 그때는 이미 매리가 50명 넘게 감염시키고 그중 3명을 죽인 뒤였어요. 매리는 장티푸스 매리라는 별명을 얻었지요. 그리고 매리는 근처 섬에 있는 의료원에 3년간 격리됐답니다. 그러나 매리는 나중에 부엌이 아닌 세탁실에서 일을

하겠다고 약속을 한 뒤 격리 조치를 해제받았어요. 장티푸스 매리는 약속을 어기고 자기 이름도 바꾸고는 또 다른 요리사 직업을 얻었어요. 그러자 도시 안에서 장티푸스가 다시 활개를 쳤지요. 결국 매리는 추적을 받은 끝에 섬에 다시 격리되어 남은 생애를 보내야 했습니다.

요즘 관계 당국은 건강한 질병 보균자들을 외딴 섬으로 보내지는 않습니다. 그러나 보균자들이 더는 위협이 아닐 때까지 격리를 강화시킬 수는 있어요. 오늘날 누군가가 의도적으로, 또는 자진해서 AIDS와 같은 치명적 감염성 질환을 전파한다면 관계 당국은 질병을 전파한 사람을 구속할 수도 있지요.

계절성 독감 백신을 만드는 과정

주사 한 방 그리고 경우에 따라 2차 주사 한 방 더! 이로써 당신은 평생 안전합니다. 대개의 유아기 백신접종은 이렇게 진행되지요. 그러나 계절성 독감 주사는 그렇지 않아요. 현재로서는요. 과학자들은 매년 인플루엔자 사례들을 연구하며 발견 사례들을 꼼꼼히 기록합니다. 현존하는 독감 종류의 유형과 전염적 특성에 대한 데이터를 101개국이 공유하고 있지요. 그리고 매년 초마다 이렇게 모인 정보들로 그해 찾아올 독감에 대비한 예방 백신을 개발합니다. 그 시작은 그해 찾아올 가능성이 가장 높은 바이러스를 선별하는 작업이지요. 우리가 맞는 계절성 독감 백신은 세 가지 인플루엔자 바이러스의 혼합물입니다. 인플루엔자 A와 인플루엔자 B 바이러스 각각 하나씩에 계절성 인플루엔자 바이러스 하나를 더해 만들어지지요.

이 백신을 만드는 과정은 검증된 사실과 최선의 추정 그리고 행운이 조합된 과정이라 할 수 있습니다. 일단 백신에 들어갈 바이러스가 선별된 뒤에는 독감 백신 공장들이 약 6개월에 걸쳐 수백만 명 분의 약물을 만들어냅니다. 그 뒤 수정된 계란들 안으로 바이러스 약물을 주입시켜요. 그리고 며칠 동안 이 계란들을 따뜻한 곳에 놓습니다. 나중에는 살아 있는 바이러스를 계란에서 채취한 뒤 죽여서 주사약병에 담지요. 나중에 간호사와 의사들이 사용할 수 있도록 말이지요. 연구자들은 여전히 단방에 독감을 치료하는 주사를 물색하고 있어요. 그 치료 주사를 찾을 때까지는 세계보건기구 권장 사항에 따라 노약자와 전선에서 일하는 보건 관계자들이 매년 예방접종을 해야 합니다. 여기에 당신도 해당이 되나요?

가르침 2: 질병은 시간에 대한 개념이 없어요. 그리고 질병은 사람들이 이미 고통 받고 약해져 있을 때 나타날 수도 있습니다. 기근, 장티푸스 그리고 이민에 대한 이야기.

Lousy엉망이다. 이 단어를 사전에서 찾아보세요. 하지만 정말 이 단어가 표현하는 내용을 제대로 느낄 수는 없을 겁니다! 중세시대에 생긴 단어, lousy는 이가 들끓는 것을 의미했어요. 오늘날 미국에서는 몸이 안 좋은 상태를 lousy라는 은어로 표현하지요.

1840년대에 한 아일랜드 이민자는 이 은어, lousy와 관련된 사뭇 특별한 경험을 했답니다. 이 이민자는 '감자 기근' 동안 농장에서 쫓겨나 배고픔에 허덕이고 있었어요. 북미에서 새로운 삶을 시작하는 것이 이 이민자의 유일한 희망이었지요. 이민자는 '시체 관 같은 배'를 타고 대서양을 건너는 고생스러운 여정에서 살아남았어요. 그러나 그 배 안에서 벌어진 악몽은 영원히 잊지 못할 것입니다. 여행자들은 충분한 음식도 없이 선박 안의 창구마다 다닥다닥 탔어요. 그리고 발진티푸스가 발발했습니다.

발진티푸스는 이에게 물리거나 이의 대변과 접촉하여 퍼지는 박테리아 감염성 질병이에요. 환자들이 놓인 환경은 비좁고 비위생적이었어요. 거친 바다 위에서 환자들은 고열, 심각한 두통, 발진, 오한, 신체 동통, 섬망, 설사, 구토에 시달렸지요. 당시의 기록들은 불완전합니다. 그러나 6명의 승객 당 1명 이상은 사망하여 바닷속에 던져졌지요. 북미 항구에 도착해도 생존자들은 지역민들에게 환대를 받지 못했어요. 삐쩍 마르고 궁핍해 보이는 상태로, 이민자들은 이와 장티푸스를 육지까지 데리고 왔으니까요.

장티푸스는 이제 백신으로 예방하고 항생제로 치료할 수 있게 되었습니다. 그러나 이 역병은 자연재해 이후나 난민 캠프 또는 교도소 안에서와 같이 집단이 모여 위생을 훼손하는 상황에서 여전히 발생하고 있어요. 장티푸스와 같은 질병들은 우리에게 청결과 예방의 중요성을 가르쳐줍니다. 목욕하기, 옷과 침대보 빨기, 집을 깨끗이 유지하기, 무엇보다도 중요한 대망의 손 씻기는 수많은 감염성 질병을 예방하는 습관들입니다.

가르침 3: 우리가 당연하게 여기는 공중위생 척도도 무너질 수 있어요. 그러므로 우리는 항상 경계해야 합니다. 제1세계 선진국에서 오염된 물로 인해 질병과 죽음이 발생한 이야기.

"그들은 왜 이제야 그것을 깨달았대요?" 이것이 의학계 역사 기저에 깔린 주제이지요. 과거에는 무식, 자만 또는 아집 때문에 보건 관계자들, 군사 지휘자들 그리고 일반 대중이 옛 방식들을 손에서 놓지 못했어요. 운이 좋게도 주의 깊은 관찰력을 가진 호기심 많은 과학자들이 지속적으로 이런 상황에 도전했답니다.

공중보건 위생관들은 그 가르침을 계승하고 있어요. 우리 뒤에서 일하고 있는 공중보건 위생관들은 새로운 사건들을 꾸준히 기록하고, 항바이러스제와 같은 의약 발명품들을 확인하며, 감염성 질병이 발생하면 누구보다 먼저 앞에 나섭니다. 보건과 공지사항은 우리에게 정기적 예방접종의 중요성을 상기시켜요. 그리고 H1N1과 같은 독감이 우리 지역사회를 위협할 때마다 추가적인 접종을 권유하지요.

우리는 조상님들보다 더 많은 지식을 배웠고 더 많이 준비되어 있어요. 그러나 부유한 나라에서도 가장 기본적인 수준의 공중위생이 무너질 수 있어요. 집에서 수도꼭지를 틀면 뭐가 나오나요? 마실 수 있는 깨끗한 물이 나오죠? 이 책을 읽는 대다수의 독자는 그렇게 예상하겠지요. 혹시 수도물 속에서 수영장 냄새와 같은 가벼운 화학약품 냄새를 감지할 수 있나요? 그렇다면 물을 점검하고, 염소 처리를 하고, 검사하며, 수도관도 헹궈서 청결하게 유지하는 곳에서 당신은 살고 있는 것이에요. 우리가 내는 세금은 이런 곳에 쓰인답니다!

아담한 동네의 거주민 중 절반이 갑작스럽게 피가 섞인 설사, 구토 그리고 복통을 겪는 병에 걸렸다는 소식이 들린다고 가정해보세요. 어쩌면 우리와는 먼, 머나먼 낯선 나라에서 도는 유행병 소식이라고 생각해버릴지도 모르겠네요. 그러나 이 사건은 사실 2000년 5월 캐나다 워커턴의 부유한 농가 지역에서 일어났답니다. 식수 정화 시스템이 무너져 재앙을 초래한 사건이었지요.

훗날 청문회에서 밝혀진 바로는, 이 사건은 예방할 수 있는 실수들이 연달아 발생하여 재앙으로 이어진 인재였습니다. 정부 지원금의 삭감, 불충분한 점검, 교육받지 않은 직원들, 인근 목장에서 소들이 탈출하는 것을 제어하지 못한 점 그리고 물에서 올라오는 염소 냄새에 대해 접수된 불만을 제대로 확인하지 않은 공무원들의 태만 등이 있었지요. 이 비극이 일어나기 전에는 아무도 이 단편적 사항들을 심각하게 연결시켜 생각하지 않았어요. 그러나 워커턴의 사건을 계기로 물을 다루고 보급하는 방법이 바뀌었습니다. 그리고 우리는 어느 하나도 운에 맡겨서는 안 된다는 사실을 배웠어요. 위생과 관련된 수많은 가르침과 일맥상통하는 내용이지요.

매리 말론의 이야기, 감자 기근 난민들의 이야기 그리고 워커턴 지역민들의 이야기들을 새겨들으세요. 이 이야기들은 당신이 생존하는 데 도움을 줄 것입니다. 이 책에서 배운 역사와 더불어 행운과 세밀한 관찰력도 필요할 거예요. 건강은 갑옷과도 같아 각각의 연결고리로 이어져 신체를 보호하지요. 당신의 연결고리들이 탄탄

한지 꼭 확인하세요.

예방접종 — 확인 완료! 건강한 음식 — 확인 완료! 깨끗한 물 — 확인 완료! 손 씻고 소매에 대고 재채기하고, 아플 때는 집에서 쉬며 약 챙겨 먹기 — 확인 완료!

용어사전

HIV 인간의 몸 안에서 면역기능을 파괴하며 후천성면역결핍증AIDS을 일으키는 바이러스. 체액 속에서 생존하며 감염도 체액을 통해 이루어진다.

감염 병원미생물이 사람이나 동물, 식물의 조직, 체액, 표면에 정착하여 증식하는 일.

과체중 체중에 비해 지방이 과도하게 많은 경우를 지칭하는 비만과 달리 단순히 체중이 정상보다 무거운 상태를 말한다. 비만만큼은 아니지만 과체중 상태에서도 건강에 각종 이상이 발생할 확률이 높다.

기생생물 다른 생물의 영양분을 뺏으며 살아가는 생물. 기생충이라고도 부른다. 기생생물이 붙어서 사는 생물을 숙주라고 한다.

면역력 외부에서 침입해오는 병원미생물에 대항하는 힘.

미생물 크기가 0.1밀리미터보다 작아 눈으로는 볼 수 없는 작은 생물.

미아스마 늪지나 부패된 물체에서 나는 냄새 등 비위생적이거나 불쾌한 향기나 증기를 말한다. 이 미아스마가 질병의 원인이라는 미아스마설이 19세기 중엽까지 널리 받아들여졌으나 미생물의 발견과 함께 사라졌다.

바이러스 살아 있는 세포에 기생하고, 세포 안에서만 증식이 가능한 작은 생물. 크기가 아주 작아 일반 현미경으로는 관찰할 수 없다.

박테리아 생물체 가운데 가장 작고 하등에 속한다. 하나의 세포로 이루어져 있으며 크기가 작긴 해도 일반 현미경으로 관찰할 수 있다. 다른 생물체에 기생하여 병을 일으키기도 하고 발효나 부패 작용을 하기도 하여 생태계 물질 순환에 중요한 역할을 한다.

병원균 동물에 기생해서 병을 일으키는 세균. 같은 세균이라도 기생하는 숙주에 따라 병원균이 될 수도 안될 수도 있다.

세균전 인체에 해로운 세균이나 그러한 세균을 포함한 물건을 적지 혹은 적군에게 살포하는 전쟁 방식. 이때 사용하는 무기를 생물학 무기라고 부른다.

식욕이상항진증 주로 사춘기나 성인 초기에 발병하는 정신장애로서, 복통, 수면, 자발성 구토가 일어날 때까지 식사를 멈추지 않는 증상을 말한다.

알레르기 특정 상황이나 음식, 꽃가루 또는 미생물 등에 비정상적으로 높은 면역 반응을 보이는 현상. 일반적인 알레르기 증상에는 재채기, 가려움 그리고 발진 등이 있다.

연쇄상구균 아주 작은 구균 여러 개가 사슬 모양으로 연결된 균류. 자연계에서는 토양 · 물 · 우유 등에 존재하며 건강한 사람의 피부, 비강, 구강 등에서도 볼 수 있다. 해로운 연쇄상구균의 경우 성홍열, 패혈증 등 각종 질병의 원인이 되며, 항생제로 치료할 수 있다.

예방접종 전염병을 예방하기 위해 병원미생물에서 병원성을 제거하거나 약하게 하여 인체에 주사 또는 접종하는 것.

유행병 어떤 지역에 널리 퍼져 여러 사람이 잇따라 돌아가며 옮아 앓는 병. 이 지역이 세계적으로 확장되면 세계적 유행병이라 부른다.

저항력 인간과 같은 생명체가 미생물이나 독에 대해 저항하거나 싸워 이기는 자연 능력. 또는 병원성 미생물들이 한때 치명적으로 영향을 받았던 항생제 같은 약물에 대해 내성이 생기는 경우에 '저항력이 생겼다'라고 표현하기도 한다.

전자현미경 빛 대신에 전자를, 광학렌즈 대신에 전자렌즈를 사용하여 물체를 확대해 볼 수 있는 현미경. 일반 현미경보다 더 작은 크기의 물체도 관찰할 수 있다.

프리온 일반적인 생명체가 아니라 살아 있지 않은 단백질 입자이지만 전염성이 있으며 자기복제를 통해 증식한다. 흔히 광우병 유발인자로 알려져 있다.

항바이러스제 몸 안에 침입한 바이러스를 퇴치하기 위해 사용하는 약.

항생제 다른 미생물의 발육을 억제하거나 사멸시키는 물질. 알렉산더 플레밍이 발견한 페니실린과 셀먼 왁스먼이 발견한 스트렙토마이신이 가장 유명하다.